Der Weg zum Sozialismus

∼

OTTO BAUER

Otto Bauer · Ausgewählte Schriften · Band 1

HERAUSGEGEBEN VON THOMAS GIMESI

© THOMAS GIMESI · 2017

ISBN 978-3-9504454-0-4 · PAPERBACK

Bibliografische Informationen dieser Publikation verzeichnet die
Österreichische Nationalbibliothek unter www.onb.ac.at

Informationen zum Projekt und zu weiteren Publikationen
finden Sie unter www.ottobauer.works

ZUGRUNDELIEGENDES ORIGINAL: Bauer, Otto. *Der Weg zum Sozialismus*, 2. Auflage.
Verlag der Wiener Volksbuchhandlung, Wien 1919.
UMSCHLAGGESTALTUNG & SATZ: Thomas Gimesi
UMSCHLAGGRAFIK: iStockphoto.com

Inhaltsverzeichnis

Vorwort des Herausgebers

~

NACH EINEM JAHRZEHNT der Illegalität, der politischen Ver-
folgung und des Krieges trafen am 14. April 1945 im Roten
Salon des Wiener Rathauses die Vertreter der Sozialdemokraten
und der Revolutionären Sozialisten zusammen, um die Sozialistische Partei Österreichs (SPÖ) zu gründen. Das Parteiprogramm
des Jahres 1926 wurde wieder in Kraft gesetzt und der Klassen-
kampf erneut beschworen: Enteignungen der „Kapitalistenklasse" waren genauso vorgesehen wie die Verstaatlichung der Produktionsmittel, und eine Koalition mit den bürgerlichen Parteien
sollte nur von vorübergehender Natur sein.

Doch im Laufe der folgenden Jahrzehnte änderten sich, von
weltpolitischen Ereignissen und nicht zuletzt von der de facto in
Stein gemeißelten Koalition mit dem bürgerlich-konservativen
Lager beeinflusst, die Rhetorik sowie die Prioritäten der Sozialdemokratie. Zwar folgte die Wirtschaftspolitik noch bis in die
1970er Jahre der Vorgabe, die Industrie in öffentlicher Hand zu
halten und die Verstaatlichung voranzutreiben, jedoch nahm der
Einfluss „linker" Positionen stetig ab — und dies nicht nur in öko-
nomischen Fragen. Während unter Bruno Kreisky gesellschafts-
politische Maßnahmen wie beispielsweise eine Bildungsoffensive
oder die Legalisierung von Abtreibung als eindeutige Merkmale sozialdemokratischer Politik aufscheinen, rückte die SPÖ seit
Mitte der 1980er Jahre kontinuierlich nach rechts. So wurden
beispielsweise die Verstaatlichungen gestoppt, der Einfluss der
öffentlichen Hand auf die Wirtschaft zurückgefahren und Pri-
vatisierungen von Staatsbetrieben abgewickelt — mit teilweise
fragwürdigem Erfolg und bisweilen auch juristischem Nachspiel.
Man näherte sich der Europäischen Union, der man aufgrund
der Neutralität Österreichs bislang skeptisch gegenüberstand,

und stimmte, durch das Erstarken des rechten Lagers unter Jörg Haiders Freiheitlicher Partei Österreichs (FPÖ) in die Defensive gedrängt, ebenfalls für eine „Law & Order"-Politik, die in schärferem Fremden- und Asylrecht ihren Niederschlag fand. Selbst der Name der Partei blieb nicht verschont — das „sozialistisch" wurde nach dem Zusammenbruch des Ostblocks in „sozialdemokratisch" umbenannt.

Sogar die Vereinbarkeit von Sozialdemokratie und Kapitalismus schien kein Widerspruch mehr zu sein, als Viktor Klima Ende der 1990er Jahre, wie zuvor Gerhard Schröder in Deutschland und Tony Blair in Großbritannien, einen politischen Pfad einschlug, der danach trachtete, eine rechte Wirtschaftspolitik mit einer linken Sozialpolitik zu vereinen. Selbst der Sprachgebrauch hatte sich dem wirtschaftsliberalen Diskurs angepasst, als Alfred Gusenbauer am Anfang des neuen Jahrtausends eine „solidarische Hochleistungsgesellschaft" propagierte.

Ein derart dialektisches Verhältnis der SPÖ, zwischen historisch-ideologischem Pathos inklusive kämpferischer Rhetorik einerseits und pragmatischer Realpolitik andererseits, ist rückblickend betrachtet jedoch kein neues Phänomen. Dies hatte sich bereits seit den ersten Erfolgen der österreichischen reformistischen Linken abgezeichnet. Verglichen mit anderen zeitgenössischen Sozialisten waren die Austromarxisten des frühen 20. Jahrhunderts Meister darin, Gegensätze zu synthetisieren: sie blieben stets fest in jener gesellschaftlichen Wirklichkeit verankert, welche sie in ihren Schriften und Ansprachen emphatisch bekämpften.

Die Bilanz jener Zeit fällt eindeutig aus: mehr als 70.000 ehrenamtlich tätige FunktionärInnen kümmerten sich um die Belange der 700.000 Parteimitglieder, 90 Prozent der Vertrauensleute in den Betrieben bekannten sich zur Sozialdemokratie, unzählige Vereine und Verbandsorganisationen bildeten ein geschlossenes System, das die Arbeiterbewegung politisch, wirtschaftlich und kulturell umfasste — von der sprichwörtlichen Wiege (den Kinderbetreuungsstätten der „Kinderfreunde") bis zur Bahre (zum parteinahen Beerdigungsverein „die Flamme"), von verschiedenen Arbeiter-Sportvereinen (deren Dachverband im Jahre 1910 nicht weniger als 70.000 Mitglieder zählte) bis zum kommunalen Wohnbau des „Roten Wien" mit seinen Gemeindebauten, Krankenhäusern und Freibädern. Trotz des Niedergangs des Austromarxismus, der sich bereits seit dem Ende der „österreichischen Revolution", welche dem Ersten Weltkrieg gefolgt war, abzeichnete und im Jahre 1934 mit der Niederschlagung des Aufstands besiegelt wurde, der gegen die Etablierung eines faschistischen Regimes in Österreich gerichtet war, bestehen die Errungenschaften von damals auch heute noch, gut ein Jahrhundert später. Dies gilt auch für viele Konfliktlinien mit den Konservativen, wie etwa in der Bildungspolitik.

Unzweifelhaft hatte das Denken Otto Bauers den Austromarxismus geprägt. Seine Schriften gestatten nicht nur einen Einblick in die Geisteswelt ihres Autors, sondern spiegeln auch das Bild einer Epoche wider, welches von Erfolgen der Arbeiterbewegung, jedoch auch von Fall, Verfall und Zerfall gekennzeichnet, und wohl auch auf tragische Weise, gleichsam einem schlechten Omen, symbolisch im Wappen der Sozialdemokratischen Arbeiterpartei (SDAP) — drei nach links unten weisende Pfeile — verewigt ist: dem Aufstieg der Sozialdemokratie unter den Vorzeichen einer dem Untergang geweihten Monarchie; einer dem Austromarxismus spezifischen Form von Nationalitätenpolitik; den Erfolgen der Arbeiterbewegung hinsichtlich Lohnerhöhungen, Arbeitszeitverkürzung, Gesundheitsversorgung, Arbeitslosenversicherung, Bildung und politischer Partizipation; der „gebremsten Revolution" von 1918/19 und dem folgenden Dasein als Oppositionspartei; dem Hunger und Elend der Nachkriegszeit; den Restriktionen der Siegermächte; den Auswirkungen der Weltwirtschaftskrise; der Bewaffnung der Arbeiterschaft; dem Aufstieg des Faschismus und des Bolschewismus; der Niederlage im Bürgerkrieg des Jahres 1934 und dem folgenden Verbot der Partei; der Machtübernahme der Nationalsozialisten — um nur einige Themen zu nennen.

Otto Bauer selbst scheint, als Personifikation der österreichischen Arbeiterbewegung, geradezu schicksalshaft mit deren Geschichte und jähem Ende verknüpft zu sein.

* * *

Otto Bauer erblickte am 5. September 1881 als Sohn von Philipp, einem erfolgreichen jüdischen Textilfabrikanten, und Katharina Bauer, geb. Gerber, in Wien das Licht der Welt. Wenngleich natürlich keine Gewißheit darüber herrscht, ob seine Streifzüge als Kind in der väterlichen Fabrik dazu beigetragen haben, sein Interesse schon früh für kapitalistische Produktionsprozesse sowie die Lebensbedingungen der Arbeiterschaft zu wecken, so ist der Gedanke verlockend, dass gerade durch jene Erfahrungen die Ideen des Sozialismus eine verstärkte Anziehungskraft auf ihn ausgeübt haben. Bereits als Jugendlicher hatte sich Bauer derart in die Schriften Marx' vertieft und war davon mit Begeisterung beseelt, dass er im Freundeskreis Vorträge hielt und im Alter von 19 Jahren schließlich Mitglied der Sozialdemokratischen Arbeiterpartei (SDAP) wurde. Nach kurzem Militärdienst in einem Infanterieregiment immatrikulierte Otto Bauer im Jahre 1903 an der Universität Wien und begann Nationalökonomie, Geschichte, Soziologie, Philosophie, Sprachen und — auf Wunsch seines Vaters — Rechtswissenschaften zu studieren, wobei er letzteres im Jahre 1906 mit Doktorwürden abschloss.

Seine intensiven Studien hinderten ihn jedoch nicht daran, sich politisch zu engagieren. Während seiner Studienzeit trat Bauer der „Freien Vereinigung sozialistischer Studenten" und dem „Sozialwissenschaftlichen Bildungsverein" bei, wo er die Bekanntschaft mit Persönlichkeiten schloss, die noch eine große Rolle in der Geschichte der österreichischen Sozialdemokratie spielen sollten: Karl Renner, Max Adler, Friedrich Adler und Rudolf Hilferding, mit denen er gemeinsam den Verein „Zukunft", eine Schule für Arbeiter, gründete. Auch seine publizistische Tätigkeit gewann in dieser Zeit an Schwung, als Karl Kautsky — vom jungen Otto Bauer wegen einer möglichen Veröffentlichung eines Artikels kontaktiert — ihn im Jahre 1904 zur Mitarbeit in der „Neuen Zeit", der wichtigsten Theoriezeitschrift der deutschen Sozialdemokratie, gewinnen konnte. In der Folge erschienen dort mehrere Texte Bauers, in denen er sich mit unterschiedlichsten

Themen wie etwa dem Verhältnis von Marxismus und Ethik oder dem Imperialismus auseinandersetzte. Im Jahre 1907, im Alter von nur 26 Jahren, wurde Bauers erstes großes Werk veröffentlicht, dessen kontroverse Thesen ihn schlagartig berühmt machten: „Die Nationalitätenfrage und die Sozialdemokratie".

Auch in politischer Hinsicht erwies sich das Jahr 1907 als äußerst erfolgreich. Als die österreichische Sozialdemokratie zweitstärkste Fraktion nach den Christlichsozialen aus den Wahlen hervorging und mit 87 von 516 Mandaten in den Reichstag einzog, erhielt Bauer von Victor Adler den Auftrag, das Klubsekretariat aufzubauen und wurde mit dessen Führung betraut. Des Weiteren trat er der Redaktion der „Arbeiter-Zeitung" bei und gründete gemeinsam mit Karl Renner und Adolf Braun die Monatsschrift „Der Kampf", dessen redaktionelle Leitung er übernahm.

Bauers politische Funktion bewahrte ihn jedoch nicht davor, bei Ausbruch des Ersten Weltkrieges zum Militärdienst einberufen zu werden. Als Leutnant des Infanterie-Regiments Nr. 75 wurde er an der Ostfront eingesetzt, geriet bereits früh in Kriegsgefangenschaft und verbrachte fast drei Jahre in einem Lager in Sibirien. Nach seiner Rückkehr als „Austauschgefangener", den die Oktoberrevolution aus seiner Internierung befreite, wurde Bauer im September 1917 dazu verpflichtet, im Kriegsministerium weiter seinen Dienst zu versehen. In jener Zeit intensivierte sich auch die Zusammenarbeit mit Victor Adler, dem Vorsitzenden der SDAP, und Otto Bauer wurde zu einem seiner engsten Vertrauten.

Im Gegensatz zu Karl Renner und der unter dessen Einfluss stehenden Parlamentsmehrheit, welche die Rettung Österreichs darin suchten, die Monarchie durch Reformen zu retten, erachtete Bauer derartige Bestrebungen bereits als aussichtslos. Die Auswirkungen des Krieges sowie die Revolution in Russland hätten den Wunsch der slawischen Völker nach Unabhängigkeit derart befeuert, dass nach einem Sieg der Entente diese nichts davon abhalte, sich vom Habsburgerreich loszulösen. Der Sozialdemokratie könne deshalb nur die Aufgabe zufallen, Vorbereitungen für die bevorstehende Revolution zu treffen. Je lauter die Rufe nach Autonomie innerhalb der Monarchie wurden, umso mehr erstarkte auch die Überzeugung Otto Bauers und jener, die seinen Standpunkt teilten. Zu Beginn des Jahres 1918 wurde das „Nationalitätenprogramm der Linken" verlesen, in der gefordert wurde, konstituierende Nationalversammlungen der einzelnen Nationen Österreiches einzuberufen. Trotz der sich weiter verschärfenden politischen Situation lehnte indes die Mehrheit des Parteitages einen derartigen Vorstoß ab. Als Ende 1918 die Donaumonarchie endgültig zerbrach und Victor Adler, der designierte Außenminister des neuen Staates, am 11. November, dem Vorabend der Ausrufung der Republik, unerwartet verstarb, übernahm Bauer die Leitung des Außenamtes. Damals schien — für sämtliche Parteien — der Anschluss an Deutschland als einzig gangbarer Weg, um Österreich nach dem Abfall der nicht-deutschen Nationen vom ehemaligen Habsburgerreich das Überleben zu sichern. Es herrschte die Überzeugung, dass das kleine, übriggebliebene „Rest-Österreich", auf sich alleine gestellt wirtschaftlich nicht überlebensfähig sei.

Nach nur wenigen Monaten im Amt, nachdem Initiativen für den Anschluss an Deutschland durch die Siegermächte abgewiesen und letztlich mit dem Vertrag von St. Germain zu Grabe getragen worden waren, trat Otto Bauer im Juli 1919 zurück. Bauer übernahm nun die Führungsfunktion der Partei und blieb ihr auch nach seinem Ausscheiden aus der Regierung als brillianter Rhetoriker und Publizist erhalten. Ebenfalls zu dieser Zeit setzte sich Bauer für die Wiener Arbeitsgemeinschaft Sozialistischer Parteien (auch bekannt unter der Bezeichnung „Internationale Zweieinhalb") ein, die einerseits aus der II. Internationale wegen dem gehaltenen „Burgfrieden" — dem Zurückstellen innenpolitischer und wirtschaftlicher Konflikte während des Krieges — ausgetreten waren, jedoch andererseits davon Abstand nahmen, Teil der Kommunistischen Internationale zu werden, da sie nicht gewillt waren, die dominante Rolle der Bolschewiki zu akzeptieren.

Am 3. November 1926 beschloss die SDAP ein wegweisendes Parteiprogramm, das „Linzer Programm", welches unter der Federführung von Otto Bauer entstanden war. Die darin enthaltene kämpferische Rhetorik, besonders jener Abschnitt zur „Diktatur der Arbeiterklasse", welche u.a. dann angewendet werden sollte, wenn sich die Bourgeoisie mithilfe ausländischer Kräfte der Revolution zu widersetzen beabsichtigte, führten schließlich dazu, dass sich die politischen Fronten innerhalb der Ersten Republik noch weiter verhärteten.

Trotz seines Ansehens geriet Bauer in den folgenden Jahren zusehends ins Kreuzfeuer der Kritik. Insbesondere nach der Ausschaltung des Parlaments im Jahre 1933 und der Errichtung des austrofaschistischen Ständestaats bot sein übervorsichtiges Verhalten Kritikern eine große Angriffsfläche: kein Generalstreik wurde nach der Ausschaltung des Parlaments ausgerufen; selbst als der sozialdemokratische Schutzbund verboten wurde, zögerte Bauer mit seinen Entscheidungen; wenn Taten gesetzt wurden, erfolgten diese zu spät, um noch etwas ausrichten zu können.

Nachdem der Schutzbund in den Februaraufständen 1934 durch das autoritäre Dollfuß-Regime in mehrtägigen Kämpfen niedergerungen worden war, flüchtete Bauer auf Anraten von Parteigenossen in die damalige Tschechoslowakei nach Brno (Brünn). Von dort setzte er seine politische Arbeit fort, etablierte das Auslandsbüro der österreichischen Sozialdemokraten (ALÖS) und publizierte weiterhin für die Monatsschrift „Der Kampf" sowie die „Arbeiter-Zeitung", welche trotz Verbots in Österreich unter der Hand Verbreitung fanden.

Im März 1938 traf Otto Bauer in Brüssel mit Friedrich Adler und Joseph Buttinger zusammen, um die Zusammenlegung des ALÖS und des Parteipräsidiums der Revolutionären Sozialisten, deren Vorsitzender Buttinger war, zu besprechen. Am 4. Juli 1938, nur wenige Monate nach dem Anschluss Österreichs an Hitler-Deutschland und vor Beginn des Zweiten Weltkrieges, den er in seinem letzten zu Lebzeiten erschienenen Werk „Zwischen zwei Weltkriegen?" vorhersah, verstarb Otto Bauer in Paris an einem

Herzinfarkt und wurde auf dem Pariser Friedhof „Père Lachaise",
gegenüber dem Denkmal für die Kämpfer der Pariser Kommune,
beigesetzt. Im Jahre 1948 wurde die Urne Otto Bauers nach Wien
überstellt und schließlich am 12. November 1959 in ein Ehrengrab
am Wiener Zentralfriedhof umgebettet.

✳ ✳ ✳

Worin besteht die Faszination, welche nach Jahrzehnten weitge-
hender Vergessenheit von Bauers Schriften ausgeht? Im Gegensatz zu den meisten reformistischen Politikern waren die Austromarxisten keine reinen Pragmatiker, sondern darauf bedacht,
ihre Politik theoretisch zu untermauern und die „marxistische
Mitte", zu der sie sich zugehörig fühlten, gegen rechte (reformi-
stische) sowie linke (bolschewistische) Strömungen abzusichern.
Gerade das Bestreben, einen „Dritten Weg" zwischen Reform
und Revolution zu suchen, und eine gemeinsame Basis der zer-
splitterten Linken, zwischen sozialdemokratischen und anderen
linken Parteien zu finden, ist damals wie heute so verlockend wie
dringend notwendig.

Nicht zuletzt ist es Otto Bauers Scharfsinn und Talent zu ver-
danken, Probleme der Tagespolitik im Detail zu analysieren, diese
dann in einen größeren Zusammenhang einzubetten und komple-
xe Sachverhalte in einer verständlichen Sprache zu behandeln,
dass selbst nach so vielen Jahren seine Schriften nichts an ihrer
Wirkkraft eingebüßt haben.

Interessierten LeserInnen standen bislang nur wenige Möglichkeiten offen, sich mit Otto Bauers Schriften zu befassen. Einige
Originalexemplare finden sich noch in Bibliotheken, doch selbst
die käuflich zu erwerbenden Exemplare der Werkausgabe, welche
erst im Jahre 1975 — knapp 40 Jahre nach seinem Tod — erschienen ist, sind lediglich über Antiquariate und zum Teil nur unter
beträchtlichen Kosten zu beziehen. Diesem Umstand Rechnung
tragend, habe ich mich dazu entschlossen, ausgewählte Schriften
Otto Bauers in modern aufbereiteter Form und als erschwingliche
Paperback-Ausgaben zu veröffentlichen.

Die Orthographie des jeweiligen Originals wurde unverändert übernommen, korrigierend wurde nur dort eingegriffen, wo im Drucksatz der damaligen Produktion offensichtliche Fehler oder eingeschränkte Möglichkeiten, z.B. bei großgeschriebenen Umlauten, vorliegen. Fußnoten wurden vereinheitlicht, gesperrte Wörter kursiv gesetzt sowie bei manchen Werken umfangreichere Literaturangaben an das Ende des Buches gesetzt. Zur besseren Orientierung und um das Zitieren gemäß den Originaltexten zu ermöglichen, wurde das Ende einer Seite im Original in Randnoten vermerkt — so kennzeichnet beispielsweise die Ziffer 32 den Umbruch von Seite 32 auf Seite 33 in der zugrundeliegenden Ausgabe. Sämtliche Texte wurden manuell transkribiert und mehrfach mit dem Original verglichen. Sollten sich dennoch Fehler eingeschlichen haben, trage ich hierfür die alleinige Verantwortung.

Thomas Gimesi
WIEN, 3. SEPTEMBER 2017

VERWENDETE QUELLEN & WEITERFÜHRENDE LITERATUR

- Albers, Detlev; Heimann, Horst; Saage, Richard (Hrsg.): Otto Bauer – Theorie und Politik. Argument Verlag, Berlin 1985.
- Das Rote Wien: Weblexikon der Wiener Sozialdemokratie.
  http://www.dasrotewien.at/bauer-otto.html
- Deutsch, Julius: Otto Bauer (Kurzbiographie). In: Neue Österreichische Biographie, Band 10, S. 209–218. Amalthea Verlag, Zürich–Leipzig–Wien 1957.
- Hanisch, Ernst: Der große Illusionist: Otto Bauer (1881–1938). Böhlau, Wien 2011.
- Leichter, Otto: Otto Bauer. Tragödie oder Triumph. Europa Verlag, Wien 1970.
- Leser, Otto: Zwischen Reformismus und Bolschewismus. Der Austromarxismus als Theorie und Praxis. Europa Verlag, Wien 1968.
- Löw, Raimund; Mattl, Siegfried; Pfabigan, Alfred (Hrsg.): Der Austromarxismus – Eine Autopsie. isp-Verlag, Frankfurt am Main 1986.
- Maderthaner, Wolfgang: Der große Theoretiker der Sozialdemokratie. In: Österreich-Magazin, 3/2011.
  http://www.dasrotewien.at/bilder/d278/Oemag_03_2011_ansicht_15.pdf
- SPÖ/Renner Institut: Rot Bewegt – Geschichte der österreichischen Sozialdemokratie.
  https://rotbewegt.at/#/epoche/1889-1918/artikel/austromarxismus
- Wien Geschichte Wiki: Otto Bauer.
  https://www.wien.gv.at/wiki/index.php/Otto_Bauer

Politische und soziale Revolution

D IE POLITISCHE REVOLUTION hat den Kaiser entthront, das Her-
renhaus beseitigt, das Privilegienwahlrecht in Ländern und
Gemeinden zerschlagen. Alle politischen Vorrechte sind vernichtet. Alle Staatsbürger ohne Unterschied der Klasse, des Standes
des Geschlechtes sind jetzt Bürger gleichen Rechtes.

Aber die politische Revolution ist nur die halbe Revolution.
Sie hebt die politische Unterdrückung auf, aber sie läßt die wirtschaftliche Ausbeutung bestehen. Der Kapitalist und der Arbeiter
— sie sind rechtlich einander gleich, sie genießen gleiche politische Rechte, aber darum bleibt doch der eine Kapitalist, der
andere Arbeiter; bleibt der eine Herr von Fabriken und Bergwerken, der andere arm und schutzlos wie eine Kirchenmaus.

Die politische Revolution hebt die wirtschaftliche Ausbeutung
nicht auf, sie macht sie vielmehr erst recht fühlbar. Haben wir
dazu die Allgewalt des Kaisers gestürzt, um der Allgewallt des
Kapitalismus unterworfen zu bleiben? Haben wir dazu die Herrschaft der Generale, Bureaukraten, der Feudalherren gebrochen,
um Knechte von Bankdirektoren, Kartellmagnaten, Börsenrittern
zu bleiben? So fragen die Arbeitermassen. Die halbe Revolution
weckt den Willen zur ganzen. Die politische Umwälzung weckt
den Willen zur sozialen Neugestaltung. Der Sieg der Demokratie
leitet den Kampf um den Sozialismus ein.

Der Sieg der Demokratie in Mitteleuropa ist das Ergebnis des
Krieges, die Folge der Niederlage der Mittelmächte. Der Krieg
hat die militärischen Machtmittel der beiden Militärmonarchi-
en zerstört, dem Obrigkeitsstaat seine Zwangsmittel entrissen
und dadurch die Demokratie zum Siege geführt. Aber derselbe

Krieg hat auch ungeheure wirtschaftliche Umwälzungen hervorgerufen; diese Umwälzungen machen den Sozialismus zu einer unentrinnbaren Notwendigkeit.

Viereinhalb Jahre lang haben die Völker keine Wohnhäuser gebaut, sondern Schützengräben gegraben; keine Maschinen erzeugt, sondern Granaten und Schrapnelle hervorgebracht; nicht den Acker bestellt, sondern Kanonen bedient. Unserem Boden sind die Nährstoffe entzogen, unsere Maschinerie ist verbraucht, unsere Eisenbahnen sind verwahrlost, unsere Kleidung und Wäsche sind zu Lumpen geworden — der ganze Reichtum der Gesellschaft ist zerstört. Die Völker sind durch den Krieg arm, unsäglich arm geworden.

Alle Völker sind arm geworden, aber die Völker Mitteleuropas noch weit mehr als die anderen. Denn wir sind die Besiegten. Wir werden den Siegern Entschädigung für Kriegsschäden bezahlen, Tribut entrichten | müssen. So arm wir sind, wir werden von unserer Armut noch eine Riesensteuer entrichten müssen an die anderen, an die Sieger!

Wir werden arbeiten. Aber wofür? Wir werden vorerst arbeiten müssen, um den verwahrlosten Boden vom Unkraut zu reinigen, um die verbrauchten Maschinen durch neue zu ersetzen, um die verelendeten Eisenbahnen wieder in Ordnung zu bringen. Und dann werden wir arbeiten müssen, um all die Waren zu erzeugen, mit den wir den Tribut an die Sieger bezahlen werden. Kann uns unter solchen Umständen genug Arbeitskraft bleiben, auch noch das in genügender Menge zu erzeugen, was wir für uns selbst brauchen: Nahrung und Kleidung und Wäsche und Wohnungen?

Wir werden arm, unsäglich arm sein. Können wir uns bei solcher Armut noch den Luxus leisten, feisten Prälaten und hochmütigen Grafen, üppigen Kriegsgewinnern und müßigen Rentnern einen Tribut aus dem Ertrag unserer Arbeit zu entrichten? Kann ein Volk, das so arm geworden ist, es noch ertragen, dass der spärliche Ertrag seiner Arbeit so ungleich verteilt wird?

Wir sind zu arm, um noch mit Kapitalisten und Grundherren den Ertrag unserer Arbeit teilen zu können. Es ist schlimm genug, dass wir, in der Form der Kriegsentschädigung, fremden Kapitalisten werden Tribut leisten müssen; wir können nicht neben ihnen auch noch heimischen Kapitalisten tributpflichtig bleiben.

Aus unserer wirtschaftlichen Not gibt es nur *einen* Ausweg: den Sozialismus! Der Krieg, der die Demokratie zum Siege geführt hat, er hat uns auch auf den Weg zum Sozialismus gezwungen. Aber wie können wir zu einer sozialistischen Gesellschaftsordnung kommen? Wie können wir die Fabriken und die Bergwerke, die Forste und das Bauland, den großen Grund- und den großen Kapitalbesitz, die heute Kapitalisten und Grundherren gehören, in das Eigentum der Volksgesamtheit überführen? Die politische Revolution kann das Werk *eines* Tages sein. An die Stelle der Monarchie die Republik, an die Stelle der Privilegien der wenigen die Gleichberechtigung aller — das war immer das Werk *eines* Schlages, *einer* großen Stunde. Manche glauben, ebenso schnell, ebenso plötzlich wie die politische Revolution könne sich auch die soziale Umwälzung vollziehen. Eines Tages könnten sich die Arbeiter mit einemmal aller Fabriken, Bergwerke, Handelshäuser, Banken, Grundherrschaften bemächtigen, die Kapitalisten und ihre Direktoren einfach hinausjagen; so werde am Abend Eigentum des arbeiteten Volkes sein, was am Morgen noch Eigentum der Kapitalisten und der Grundherren war. Ist es wirklich so? Kann sich die soziale Revolution wirklich so schnell und einfach vollziehen?

Unser Wohlstand hängt von zwei Dingen ab: erstens davon, wie viele Güter im ganzen Lande überhaupt *erzeugt* werden, und zweitens davon, wie dieser Gütervorrat auf die einzelnen Gesellschaftsklassen *verteilt* wird. Der Sozialismus will zunächst die Verteilung des Gütervorrats verändern. Heute bekommt der müßige Kapitalist, der sein Eigentum vom Herrn Papa geerbt hat, weit größeren Anteil aus dem Gütervorrat der Gesamtheit als der fleißigste und tüchtigste Arbeiter. Solche Unterschiede wird die sozialistische Gesellschaft nicht kennen. Auch sie wird freilich die Güter nicht ganz gleich verteilen können. Auch sie wird den Fleißigen besser entlohnen müssen als den Trägen; sonst würden

3   ja nicht mehr viele fleißig sein. Auch | sie wird den Erfinder, der
    neue Arbeitsverfahren ersinnt, den Betriebsamen, der der Volks-
    wirtschaft neue Wege weist, reicher entlohnen müssen als den,
    der sein Tagewerk gedankenlos verrichtet; sonst würden sich ja
    nicht viele mehr um die Vervollkommnung der Arbeitsverfahren
    bemühen. Aber nur wirkliches Verdienst um die Gesellschaft,
    nicht ererbter Grundbesitz, nicht bedenkenlos errafftes Kapi-
    tal werden Anspruch auf höheren Anteil am Arbeitsertrag der
    Gesellschaft geben. So wird also der Sozialismus zunächst die
    Verteilung des Gütervorrats der Gesamtheit verändern. Aber das
    kann der arbeitenden Volksmasse nur dann frommen, wenn nicht
    etwa zugleich die *Erzeugung* der Güter eingeschränkt wird. Denn
    wenn etwa in einer sozialistischen Gesellschaft nur halb soviel
    Güter erzeugt würden als in der kapitalistischen, dann würden
    die Arbeiter in der sozialistischen Gesellschaft nicht besser, wahr-
    scheinlich sogar viel schlechter leben als unter der Herrschaft des
    Kapitals: die gerechteste Verteilung könnte uns nichts nützen,
    wenn weniger zu verteilen wäre. Damit ist also dem Sozialismus
    seine Aufgabe gestellt: er muss die Verteilung der Güter gerechter
    gestalten, ohne dass dabei die Erzeugung der Güter leidet!

    Wir sind furchtbar arm geworden. Infolge der Verwahrlosung
    unseres ganzen Produktionsapparats, infolge des Mangels an
    Rohstoffen, infolge der Schwächung der unterernährten mensch-
    lichen Arbeitskraft erzeugen wir viel, viel weniger Güter, als wir
    in Friedenszeiten erzeugt haben. Aber wenn wir weniger erzeu-
    gen, können wir natürlich auch weniger verbrauchen. Je kleiner
    der Arbeitsertrag der Gesellschaft, je kleiner ihr Reichtum an
    Gütern ist, desto weniger entfällt auch bei der gerechtesten Ver-
    teilung auf den einzelnen, desto weniger kann also der einzelne
    verbrauchen und genießen. In einer solchen Zeit müssen wir uns
    hüten, irgend etwas zu tun, was unseren Produktionsapparat
    noch mehr zerstören, uns den Bezug von Rohstoffen noch mehr
    erschweren, unsere Gütererzeugung noch weiter einschränken,
    den Gesamtertrag unserer Arbeit noch mehr verkleinern würde.
    Unsere Armut zwingt uns, die Verteilung der Güter gerechter zu

gestalten; aber sie zwingt uns auch, diese Umwälzung so durchzuführen, dass die Erzeugung der Güter dabei nicht leidet.

Stellen wir uns nun vor, die Arbeiter würden sich eines Tages gewaltsam aller Betriebe bemächtigen, sie würden die Kapitalisten, ihre Direktoren und Beamten einfach aus den Betrieben hinausjagen und die Leitung der Betriebe selbst übernehmen! Eine solche Umwälzung wäre natürlich nur im blutigen Bürgerkrieg möglich; und der Bürgerkrieg würde selbstverständlich Produktionsmittel, Maschinen, Eisenbahnmaterial in großen Massen zerstören; unser ohnehin so furchtbar zusammengeschrumpfter Produktionsapparat würde noch weiter verelendet. Das kapitalistische Ausland würde uns die Rohstoffe, die wir brauchen, und den Kredit, ohne den wir die Rohstoffe nicht beziehen können, verweigern, Amerika und die Entente würden die Blockade aufrechterhalten; unsere Betriebe müßten infolge des Mangels an Rohstoffen auch weiter stillstehen. Die meisten Direktoren, Ingenieure, Chemiker, Gutsverwalter, Techniker, Betriebsbeamten und kaufmännischen Beamten aller Art, die allein in der kapitalistischen Gesellschaft jene Kenntnisse zu erwerben vermögen, die zur Leitung großer Betriebe erforderlich sind, würden uns die Mitarbeit verweigern; wären die Arbeiter allein imstande, Rohstoffquellen aufzuspüren und die komplizierte Arbeit im modernen | Großbetrieb, in dem jeder Arbeiter doch nur eine Teilar- 4 beit leistet und von dem jeder Arbeiter daher nur einen kleinen Ausschnitt versteht, zu organisieren? Die Arbeiter selbst, von den Leidenschaften des Bürgerkrieges erfasst, hätten zur Arbeit nicht Ruhe noch Sinn; die Arbeitsintensität würde furchtbar sinken. Das Ergebnis all dieser Erscheinungen wäre, daß noch viel weniger Güter erzeugt würden als jetzt. Wohl wäre die Verteilung der Güter gerechter; aber, der einzelne Arbeiter bekäme trotzdem nicht mehr, wahrscheinlich sogar weit weniger als jetzt, weil eben viel weniger Güter erzeugt würden, daher auch weniger Güter zu verteilen wären. Das Volk, das vom Sozialismus doch eine Besserung seiner Lage erhofft, wäre furchtbar enttäuscht und diese Enttäuschung würde es kapitalistischer Konterrevolution in die Arme jagen.

Nicht auf diese Weise also können wir zum Sozialismus kommen. Einen ganz anderen Weg müssen wir einschlagen. Wir müssen in planmäßiger organisierender Arbeit, von einem Schritt zum anderen zielbewußt fortschreitend, die sozialistische Gesellschaft allmählich aufbauen. Jede der aufeinaderfolgenden Maßregeln, die uns zur sozialistischen Gesellschaft führen sollen, muss wohlerwogen sein; sie muss nicht nur die Verteilung der Güter gerechter gestalten, sondern auch ihre Erzeugung vervollkommnen; sie darf die kapitalistische Organisation der Gütererzeugung nicht zerstören, ohne zugleich eine sozialistische Organisation aufzurichten, die die Gütererzeugung wenigstens ebenso vollkommen zu leiten vermag. Die politische Revolution war das Werk der Gewalt; die soziale Revolution kann nur das Werk aufbauender, organisierender Arbeit sein. Die politische Revolution war Werk weniger Stunden, die soziale Revolution wird das Ergebnis kühner, aber auch besonnener Arbeit vieler Jahre sein müssen. Diese Auffassung hat nichts zu schaffen mit den Illusionen des engstirnigen Revisionismus oder Reformismus von gestern oder ehegestern. Er hat geglaubt, daß die Gesellschaft friedlich in den Sozialismus „hineinwachsen" könne, ohne daß es dazu überhaupt einer gewaltsamen Revolution bedürfe. Das war freilich ein Irrtum. Denn die soziale Revolution setzt die Eroberung der politischen Macht durch das Proletariat voraus; und das Proletariat konnte und kann die Staatsgewalt nicht anders als mit revolutionären Mitteln erobern. Ist aber erst die politische Macht erobert, dann ist dem Proletariat eine ganz neue Aufgabe gestellt, die nicht mehr mit den Mitteln, die der politischen Revolution angemessen waren, bewältigt werden kann. Denn die politische Revolution kann immer nur, wie *Marx* sagte „die Elemente der künftigen Gesellschaft freisetzen"; aus diesen Elementen aber die neue Gesellschaft aufzubauen, ist eine Aufgabe, die nicht im Straßenkampf, nicht im Bürgerkrieg, sondern nur in schöpferischer Gesetzgebungs- und Verwaltungsarbeit vollbracht werden kann.

2

Die Vergesellschaftung der Großindustrie

ﾧ

D IE SOZIALISIERUNG DER VOLKSWIRTSCHAFT muss mit der
Schwerindustrie beginnen: der Kohlen- und der Erzbau,
die Eisen- und Stahlindustrie werden zuerst vergesellschaftet
werden müssen. Das sind die Industriezweige, deren Sozialisierung am leichtesten durchgeführt werden kann; denn in diesen Industriezweigen ist die Produktion längst schon in weni-
gen Riesen- | unternehmungen konzentriert, die unschwer von 5
einer Stelle aus geleitet werden können. Und das sind zugleich
auch diejenigen Industriezweige, deren Sozialisierung am dringendsten notwendig ist; denn wer über Kohlen und Eisen verfügt,
beherrscht die ganze Industrie.

Die Sozialisierung beginnt mit der *Enteignung*: der Staat erklärt
durch sein Gesetz die bisherigen Eigentümer der Schwerindustrie ihres Eigentums für verlustig. Die bisherigen Eigentümer
müssen *entschädigt* werden; denn es wäre unbillig, die Aktionäre
der Kohlegruben und der Eisenwerke ihres Eigentums zu berauben, solange alle anderen Kapitalisten im Besitz ihres Eigentums
bleiben. Aber den Entschädigungsbetrag, den der Staat den bisherigen Eigentümern der Schwerindustrie bezahlen muß, soll die
Gesamtheit der Kapitalisten und der Grundherren bezahlen. Zu
diesem Zweck hebt der Staat von allen Kapitalisten und Grundherren eine progressive *Vermögensabgabe* ein, deren Erträgnis
dazu verwendet wird, die enteigneten Aktionäre der Schwerindustrie zu entschädigen. Den enteigneten Aktionären geschieht also
kein Unrecht: ihre Betriebe werden ihnen zu ihrem vollen Werte
abgelöst und von ihrem Vermögen verlieren sie nur den Teil, den
sie ganz so wie alle anderen Kapitalisten als Vermögensabgabe

entrichten müssen. Das arbeitende Volk aber kommt umsonst in den Besitz der Schwerindustrie; denn nicht das Volk, sondern die Kapitalistenklasse bringt den Entschädigungsbetrag auf.

Wer soll nun die vergesellschaftete Industrie verwalten? Die Regierung? Durchaus nicht! Wenn die Regierung alle möglichen Betriebe beherrschte, dann würde sie dem Volk und der Volksvertretung gegenüber allzu mächtig; solche Steigerung der Macht der Regierung wäre der Demokratie gefährlich. Und zugleich würde die Regierung die vergesellschaftete Industrie schlecht verwalten; niemand verwaltet Industriebetriebe schlechter als der Staat. Deshalb haben wir Sozialdemokraten nie die Verstaatlichung, immer nur die Vergesellschaftung der Industrie gefordert. Aber wer denn soll die vergesellschaftete Industrie leiten, wenn es nicht die Regierung tun soll?

Heute wird der industrielle Großbetrieb von einem Verwaltungsrat beherrscht, der von den Aktionären gewählt wird. Auch in Zukunft wird jeder vergesellschaftete Industriezweig von einem Verwaltungsrat geleitet werden; aber dieser Verwaltungsrat wird nicht mehr von den Kapitalisten gewählt werden, sondern von den Vertretern derjenigen Gesellschaftskreise, deren Bedürfnisse der sozialisierte Industriezweig fortan befriedigen soll. Wer hat nun an der Leitung des sozialisierten Industriezweiges ein Interesse? Erstens die *Arbeiter*, *Angestellten* und *Beamten*, die in diesem Industriezweig arbeiten; zweitens die *Konsumenten*, die die Erzeugnisse dieses Industriezweiges brauchen, und drittens der *Staat* als Vertreter der Gesamtheit des Volkes. Daher wird man den Verwaltungsrat jedes vergesellschafteten Industriezweiges ungefähr in folgender Weise zusammensetzen: Ein Drittel der Mitglieder des Verwaltungsrates wird von den Gewerkschaften der Arbeiter und von den Organisationen der Angestellten, die in diesem Industriezweig beschäftigt sind, bestimmt. Ein zweites Drittel der Mitglieder des Verwaltungsrates bilden die Vertreter der Konsumenten. Es werden also zum Beispiel in den Verwaltungsrat des Kohlenbergbaues Vertreter der Konsumenten teils von den Konsumvereinen als den Organisationen der Verbraucher

von Hausbrandkohle, teils von den | Industriellenorganisationen 6
als den Organisationen der Verbraucher von Industriekohle gewählt werden. Das dritte Drittel der Verwaltungsratsmitglieder
endlich bilden die Vertreter des Staates. Sie werden zum Teil
vom Staatssekretär für Finanzen ernannt, damit die Interessen
des Staatsschatzes vertreten seien, zum anderen Teil aber von
der Nationalversammlung gewählt, damit auch die allgemeinen
volkswirtschaftlichen Interessen ihre Vertretung finden. Die Vertreter der Arbeiter und Angestellten auf der einen, die der Konsumenten auf der anderen Seite haben entgegengesetzte Interessen
wahrzunehmen; denn jene werden hohe Löhne, diese niedrige
Preise wünschen. Die Vertreter des Staates werden als Vermittler
und Schiedsrichter zwischen den beiden Parteien stehen.

Dem auf diese Weise zusammengesetzten Verwaltungsrat wird
die oberste Leitung des Industriezweiges zustehen: Die Ernennung der leitenden Beamten, die Festsetzung der Warenpreise,
die Abschließung der kollektiven Arbeitsverträge mit den Gewerkschaften und den Angestelltenorganisationen, die Verfügung über den Reingewinn und die Entscheidung über größere
Investitionen. Besondere Vorkehrungen werden notwendig sein,
damit die Verwaltungsräte bei der Ernennung der leitenden Beamten nicht aus persönlicher Gunst oder politischen Beweggrün-
den entscheiden, sondern die tüchtigsten Techniker, Ingenieure,
Chemiker erwählen. Dafür wird am zweckmäßigsten in folgender
Weise vorgesorgt werden können: Die Lehrkörper der technischen Hochschulen und die leitenden technischen Beamten der
gesamten Industrie bilden ein Kollegium; dieses Kollegium hat
vor jeder Ernennung einen leitenden technischen Beamten in
einem vergesellschafteten Industriezweig seine Vorschläge zu
erstatten; der Verwaltungsrat des Industriezweiges ernennt dann
eine der vorgeschlagenen Personen. Ähnlich wie heute die Uni-
versitätsprofessoren vom Staatssekretär für Unterricht auf Vorschlag des Professorenkollegiums ernannt werden, sollen also die
Direktoren der vergesellschafteten Betriebe vom Verwaltungsrat auf Vorschlag eines Kollegiums der führenden Techniker des

ganzen Landes ernannt werden. Unter der Aufsicht der auf diese Weise bestellten Direktoren werden wie bisher auch in Zukunft technische und kaufmännische Angestellte die Betriebe verwalten; jede Bureaukratisierung der Verwaltungsorganisation muss unbedingt vermieden werden.

In welcher Weise Arbeiterausschüsse an der Verwaltung der einzelnen Betriebe mitwirken werden, werden wir in einer späteren Abhandlung zeigen.

Die Vergesellschaftung hat einen doppelten Zweck; sie soll einerseits die Lage der Arbeiter und Angestellten, die in dem zu vergesellschafteten Industriezweig selbst arbeiten, verbessern; sie soll andererseits der Volksgesamtheit die Einkünfte zur Verfügung stellen, die bisher den Kapitalisten zugeflossen sind. Daraus ergibt sich, wie der Reingewinn der vergesellschafteten Industriezweige verteilt werden muß. Ein Teil des Reingewinns wird selbstverständlich in jedem Jahre dazu verwendet werden müssen, den Produktionsapparat des Industriezweiges auszugestalten und zu vervollkommnen. Der Rest des Reingewinns aber wird geteilt werden zwischen dem Staat einerseits, den Arbeitern, Angestellten und Beamten, die in den Industriezweig beschäftigt sind, andererseits. Allen Personen, die in dem vergesellschafteten Industriezweig beschäftigt sind, wird ein Anspruch auf einen

7 Anteil | am Reingewinn zustehen; dadurch wird ihr Arbeitseifer gehoben, ihre Arbeitsintensität vergrößert werden. Auf diese Weise durchgeführt, wird die Vergesellschaftung der Schwerindustrie dem ganzen Volke frommen. Sie wird dem Staat neue Einkünfte erschließen, ohne die Verbraucher zu belasten. Sie wird den Arbeitern, Angestellten und Beamten der Schwerindustrie Einfluß auf die Leitung der Industrie und einen Anteil an ihrem Reingewinn sichern. Sie wird den Konsumenten der Kohle und des Eisens Einfluß auf die Produktion dieser Güter geben. Bei alldem wird der technische Fortschritt der Industrie nicht gehemmt, die Arbeitsintensität gesteigert werden, also auch die Produktionskosten gesenkt werden.

Aber nicht für alle Industriezweige eignet sich diese Form der Vergesellschaftung. Bei manchen Industriezweigen wird man

anders verfahren: der Staat wird sie enteignen und sie der Groß-
einkaufsgesellschaft der Konsumvereine oder den Verbänden
landwirtschaftlicher Genossenschaften verpachten. So wird der
Staat zum Beispiel Seifen- und Kerzenfabriken der Konsumen-
tenorganisation, Kunstdüngerfabriken den landwirtschaftlichen
Genossenschaften verpachten. Im Pachtvertrag wird nicht nur
der Pachtzins festgesetzt werden, den die pachtenden Genossenschaften dem Staatschatz entrichten müssen, sondern auch den
Arbeitern und Angestellten der verpachteten Industriebetriebe
Einfluß auf ihre Verwaltung und Anteil an ihrem Reingewinn
gesichert werden.

Wieder andere Betriebe können am zweckmäßigsten durch
die Bezirke und Gemeinden vergesellschaftet werden. Der Staat
wird den Bezirks- und den Gemeindevertretungen, die selbstverständlich auf Grund des allgemeinen und gleichen Wahlrechtes
gewählt werden, das Recht einräumen, Industriebetriebe, die
den lokalen Bedürfnissen dienen, zu kommunalisieren: so zum
Beispiel Straßen- und Lokalbahnen, Fuhrwerksunternehmungen,
Elektrizitätswerke, Mühlen, Molkereien, Brauereien, Ziegelwerke
und dergleichen. Die Entschädigung der bisherigen Eigentümer
wird in diesem Falle freilich anders geregelt werden müssen als
bei der Vergesellschaftung durch den Staat; denn Bezirke und
Gemeinden können Vermögensabgaben nicht einheben, weil das
Kapital aus den Gemeinden und Bezirken, die das täten, abströ-
men würde. Der Staat wird daher die Eigentümer der zu kommu-
nalisierenden Betriebe verpflichten müssen, als Entschädigung
Inhaberpapiere anzunehmen, die die Inhaber zum Bezug eines
festen Zinses aus dem Ertrag der kommunalisierten Betriebe berechtigen. Den Gemeinden und Bezirken wird das Recht zustehen,
die in dieser Form aufgenommene Schuld binnen zwanzig oder
dreißig Jahren zu tilgen. Nach Ablauf dieser Frist werden dann
die kommunalisierten Betriebe mit keinem Tribut an privates
Kapital mehr belastet sein.

So werden also verschiedene Industriezweige in verschiedener
Weise vergesellschaftet werden können. Sehr viele Industriezwei-

ge aber sind zur Sozialisierung überhaupt nicht reif. Wir werden
sie vorerst noch nicht sozialisieren können, sondern erst organisieren müssen, um ihre spätere Vergesellschaftung vorzuberei-
ten.

   In ähnlicher Weise wie viele Industriezweige können übrigens
auch einzelne Zweige des Handels vergesellschaftet werden. Der
Staat wird zum Beispiel, wenn erst auf dem Weltmarkt normale
8 Verhältnisse wiederher- | gestellt sein werden, den Großhandel
mit Kaffee, Kakao, Tee, Baumwolle unschwer vergesellschaften
können. Demselben Verwaltungsrat, der den inländischen Kohle-
bergbau leitet, wird der Staat auch die Einfuhr ausländischer Kohle übertragen können. Den Gemeinden wird der Staat das Recht
zugestehen können, die großen Warenhäuser zu kommunalisieren und manche kapitalistische Handelsbetriebe, zum Beispiel
die der Viehkommissionäre, zwangsweise zu übernehmen.

3

Die Organisierung der Industrie

NUR DIE GROSSINDUSTRIE, in der die Produktion in wenigen Großbetrieben, die von Aktiengesellschaften beherrscht werden, konzentriert ist, ist zur sofortigen Vergesellschaftung reif. Die meisten Industriezweige sind es noch nicht. Ist eine Industrie noch in viele kleine und mittlere Betriebe zersplittert, so ist es unmöglich, sie gesellschaftlich, also von *einer* Stelle aus zu leiten. Wo noch nicht Direktoren und Beamte, sondern noch die Unternehmer selbst die technische und kaufmännische Leitung der Betriebe besorgen, können die Unternehmer nicht ausgeschaltet werden, ohne daß die Produktion durch den Wegfall sachkundiger Leitung geschädigt würde. Die meisten Industriezweige werden wir daher nicht sofort vergesellschaften können, sondern sie zunächst organisieren müssen, damit ihre künftige Vergesellschaftung zielbewußt vorbereitet werde.

Die Notwendigkeit der Organisierung der Industrie haben die Unternehmer selbst längst eingesehen. Sie haben sich zu diesem Zweck in den Kartellen vereinigt. Die Kartelle haben die Konkurrenz zwischen den Unternehmen ausgeschaltet und dadurch die großen unnötigen Kosten des Konkurrenzkampfes (Reklame, Reisende usw.) erspart. Sie haben den Verkauf der Ware in den Kartellbureaus konzentriert, die Händler in bloße Agenten der Kartellbureaus verwandelt und dadurch die Macht und die Profite des Handelskapitals wesentlich beschränkt. Sie haben schließlich den Umfang der Produktion geregelt, die Erzeugung der einzelnen Betriebe kontingentiert und dadurch die Produktion den Schwankungen des Bedarfes so angepaßt, daß Krisen verhütet oder doch gemildert werden konnten. Aber so Nützliches die

Kartelle auf diese Weise geleistet haben, so mußte doch die Gesellschaft diese Leistung furchtbar erkaufen. Denn die Kartelle haben die Macht des industriellen Kapitals ungeheuer gesteigert, seine Macht sowohl den Konsumenten als auch den industriellen Arbeitern gegenüber. Den Konsumenten wurden hohe Preise, gewaltige Tribute auferlegt, den industriellen Arbeitern trat die organisierte Kapitalsmacht als unüberwindlicher Gegner gegenüber.

Während des Krieges sind neue Organisationen der Industrie entstanden: die Kriegsgesellschaften in Deutschland, die Zentralen und die Kriegsverbände in Österreich. Auch sie haben manche nützliche Wirkung erzielt. Dank der zwangsweisen Beschränkung des Bedarfs und der planmäßigen Verteilung der Vorräte haben sie die Warenpreise niedriger gehalten, als dies bei freiem Wettbewerb möglich gewesen wäre. Aber auch diese Wirkung mußte teuer erkauft werden: Manche Zentralen sind nichts anderes gewesen als staatlich organisierte Zwangskartelle, so zum Beispiel | die Spirituszentrale. Andere Zentralen sind nichts anderes gewesen als Requisitionsinstrumente der Heeresverwaltung, so zum Beispiel die Baumwollzentrale.

Unsere Aufgabe kann heute nicht darin bestehen, die Organisation der Industrie wieder vollständig zu zerstören und zum unbeschränkten freien Wettbewerb zurückzukehren. Zu dem Ideal des Manchesterliberalismus, dem Ideal der freien Konkurrenz führt kein Weg mehr zurück, wenn auch Parteien wie die Christlichsozialen, die in ihrer Jugend im Kampfe gegen den Manchesterliberalismus groß geworden sind, sich jetzt selbst zu dem Ideal des „freien Handels" bekehrt haben. Nicht darum kann es sich heute handeln, die Organisation der Industrie zu beseitigen, sondern nur darum, an die Stelle der kapitalistischen Organisation der Industrie eine solche zu setzen, die den Bedürfnissen der Volksgesamtheit dient. Soweit die Funktionen der Kartelle und der Zentralen volkswirtschaftlich nützlich sind, müssen auch die künftigen Organisationen der Industrie diese Funktionen ausüben; aber sie müssen sie ausüben nicht mehr im Interesse des Kapitals, wie die Kartelle, nicht mehr im Interesse des Militarismus, wie die Zentralen, sondern im Interesse der Volksgesamtheit.

Zu diesem Zweck sollen alle Unternehmungen in jedem einzelnen Industriezweig verpflichtet werden, einem Industrieverband anzugehöhren; diese Industrieverbände sollen an die Stelle der Kartelle und an die Stelle der Zentralen treten. Die Industrieverbände werden aber nicht wie die Kartelle von den Unternehmern selbst beherrscht werden, auch nicht wie die Zentralen der Leitung einer Bureaukratie unterstellt sein, die zur Regelung wirtschaftlicher Tätigkeit unfähig ist. Sie werden vielmehr von Verwaltungsräten geleitet werden, in denen die Vertreter aller derjenigen Gesellschaftskreise vereinigt werden sollen, deren Bedürfnissen die Verwaltung des organisierten Industriezweiges dienen soll. An der Spitze jedes Industrieverbandes wird also ein Verwaltungsrat stehen, der ungefähr in folgender Weise zusammengesetzt sein soll: Ein Viertel der Mitglieder des Verwaltungsrats werden die Vertreter des Staates bilden; einer dieser Vertreter mag vom Staatssekretär für Handel und Industrie ernannt werden, die anderen aber sollen von der Nationalversammlung, wenn auch nicht aus ihrer Mitte, gewählt werden. Ihre Aufgabe wird es sein, in dem Verwaltungsrat die Interessen des Staates und der Volkswirtschaft zu verfechten. Ein zweites Viertel der Mitglieder des Verwaltungsrats werden die Vertreter der Konsumenten bilden. Für Industriezweige, die Verbrauchsgüter erzeugen, werden die Konsumvereine diese Vertreter ernennen; für Industriezweige, die Rohstoffe und Arbeitsmittel erzeugen, werden sie von den Organisationen der Industrie ernannt werden, die diese Rohstoffe und Arbeitsmittel brauchen. Ein drittes Viertel der Mitglieder des Verwaltungsrats bilden die Vertreter der Arbeiter, Angestellten und Beamten, die in dem organisierten Industriezweig beschäftigt sind; sie werden den Gewerkschaften und Angestelltenorganisationen entnommen werden. Und nur das letzte Viertel der Mitglieder des Verwaltungsrats werden die Vertreter der Unternehmer des organisierten Industriezweiges bilden. Auf diese Weise wird dafür gesorgt sein, dass die Tätig-

keit des Verwaltungsrats nicht den Interessen der Unternehmer
allein diene, sondern denen der Gesamtheit. Dadurch werden
10 sich die Industrieverbände der Zukunft von den Kartellen | der
Vergangenheit und den Zentralen der Gegenwart sehr wesentlich
unterscheiden.

Welche Aufgaben werden nun diese Industrieverbände haben?
Zunächst werden sie dafür sorgen müssen, daß die technische
Entwicklung der Industrie gefördert, ihre Produktionskosten her-
abgesetzt werden. Sie werden Konstruktionsbureaus, Laboratori-
en und Materialprüfanstalten errichten und erhalten. Sie werden
Vorschriften über die Normalisierung und Typisierung der Waren
erlassen; führt die freie Konkurrenz dazu, daß eine Anzahl ver-
schiedenartiger Warenmuster in Wettbewerb miteinander tritt,
so verfügt die Organisation, daß nur wenige Muster und Typen
erzeugt werden. Dadurch kann jede einzelne der ausgewählten
Warentypen in größeren Mengen, daher auch zu bedeutend nied-
rigeren Kosten hervorgebracht werden. Weiter wird der Industrieverband die Spezialisierung der einzelnen Industriebetriebe
fördern; er wird verfügen, daß die eine der ausgewählten Warentypen nur in dem, die andere nur in jenem Betriebe erzeugt
werde. Dies ermöglicht den Übergang zur Massenproduktion, zu
automatisierter, menschlicher Arbeitskraft ersparender Produk-
tionsweise. Auf diese Weise werden die Industrieverbände die
Herstellungskosten wesentlich ermäßigen, eine wohlfeile Produktion ermöglichen.

Die Industrieverbände werden weiter, wo dies zweckdienlich
erscheint, den Ankauf der Rohstoffe zentralisieren, die Rohstoffe den einzelnen Betrieben zuteilen, den Verkauf der fertigen
Waren in ihren Bureaus konzentrieren können. So werden sie
der Gesellschaft die Kosten des Konkurrenzkampfes zwischen
den Unternehmen ersparen. Sie werden die Größe der Produktion regeln und dadurch Wirtschaftskrisen verhüten. Sie werden
schließlich die Preise der Waren festsetzen; die Zusammenset-
zung der Verwaltungsräte bürgt dafür, dass die Warenpreise so
bemessen werden, dass der Gewinn der Unternehmer einem an-

gemessenen Arbeitslohn für die von ihnen geleistete Arbeit ungefähr gleich kommt. Die Industrieverbände werden endlich auch die kollektiven Arbeitsverträge mit den Gewerkschaften der Arbeiter und den Organisationen der Angestellten schließen; der von dem Industrieverband abgeschlossene Arbeitsvertrag bindet alle Betriebe des Industriezweiges. So werden die Arbeiter und die Angestellten bei dem Abschluss von Arbeitsverträgen nicht mehr den Unternehmern allein gegenüberstehen, sondern Verwaltungsräten, in denen neben den Unternehmern auch die Vertreter des Parlaments, der Konsumenten und der Arbeiter und Angestellten selbst sitzen werden.

Wo die Gesetzgebung dies für zweckmäßig erachtet, wird sie dem Staate auch einen Anteil an dem Reingewinn der organisierten Unternehmungen zusichern können. Gelingt es dem Industrieverband, die Erzeugungskosten der Waren wesentlich zu ermäßigen, so wird dadurch der Gewinn der Unternehmer vergrößert und diesen Zuwachs des Gewinns wird der Staat, der ja den Industrieverband geschaffen hat, durch die Vermittlung des Industrieverbandes an sich ziehen können.

Auf diese Weise wird sich der Staat Einkünfte aus dem Erträgnis der Industrie sichern können, ohne die Verbraucher belasten zu müssen.

Nur im Rahmen der von den Industrieverbänden erlassenen Vorschriften wird die Leitung der Betriebe den einzelnen Unternehmern überlassen bleiben. Die Unternehmer werden hier also zunächst nicht vollständig | ausgeschaltet, wohl aber unter eine sehr wirksame Kontrolle der Gesellschaft gestellt, in Beauftragte der Gesellschaft verwandelt werden. 11

Eine der wichtigsten Aufgaben der Industrieverbände wird aber darin bestehen, die Erzeugung in den technisch vollkommensten Betrieben zu konzentrieren. Jedem Industrieverband wird das Recht zustehen, anzuordnen, dass technisch unvollkommene Betriebe stillgelegt werden und ihr Produktionsanteil auf die technisch vollkommeneren Betriebe übertragen wird. Die Eigentümer der stillgelegten Betriebe werden natürlich auf Kosten derjenigen Unternehmer entschädigt werden, denen ihr Produktionsanteil zufällt. Auf diese Weise wird die Produktion allmählich in wenigen großen, technisch vollkommenen Betrieben konzentriert werden, und sobald dies der Fall ist, kann die Industrie dann vollständig vergesellschaftet werden. Dann erst ist es möglich, die Unternehmer zu enteignen und die Leitung des Industriezweiges ganz unmittelbar dem Verwaltungsrat des Industrieverbands, aus dem dann die Unternehmervertreter ausscheiden, zu übertragen. Die Organisierung der Industrie in Industrieverbänden ist also eine Übergangsstufe zur vollständigen Vergesellschaftung der Industrie.

4

Die Arbeiterausschüsse

D IE DEMOKRATIE IM STAATE ist noch nicht verwirklicht, wenn
die oberste Gesetzgebungsgewalt einem aus allgemeinem
und gleichem Wahlrecht hervorgegangenen Parlament übertragen ist. Vielmehr erfordert die Demokratie auch, daß die lokale
Verwaltung in Land, Bezirk und Gemeinde demokratischen Ver-
tretungskörperschaften übertragen wird. Ganz ebenso ist eine
demokratische Wirtschaftsverfassung noch nicht verwirklicht,
wenn jeder Industriezweig von einem Verwaltungsrat regiert
wird, der aus Bevollmächtigten der Volksvertretung, der Konsumenten und der Arbeiterschaft zusammengesetzt ist. Vielmehr
erfordert die wirtschaftliche Demokratie auch, dass die lokale Verwaltung des einzelnen Industriebetriebes demokratisiert wird.
Wie die freie Gemeinde die Grundlage des freien Staates ist, so
ist die demokratische Betriebsverfassung die Grundlage der demokratischen Organisation der Gesamtindustrie.

Wo die Gewerkschaften Macht gewonnen haben, sind die Grundlagen der demokratischen Betriebsverfassung längst schon gelegt.
Der Absolutismus des Unternehmers ist durch die Macht in der
Gewerkschaft gebrochen worden. Der Unternehmer mußte die
Macht in der Werkstätte mit den Vertrauensmännern der gewerk-
schaftlich organisierten Arbeiterschaft teilen, ganz ähnlich wie
der Monarch im Staate seine Macht mit dem Parlament teilen
mußte.

Aber die Teilnahme der Vertrauensmänner der Arbeiterschaft
an der Regierung der Fabrik ist nur ein tatsächlicher, kein recht-
licher geregelter Zustand. Es handelt sich darum, diesen tatsäch-
lichen Zustand nun auch in die Rechtsordnung einzuführen, ihn

gesetzlich zu regeln und damit aller Willkür der Unternehmer, allen Schwankungen der Machtverhältnisse zwischen Kapital und Arbeit zu entziehen. Zu diesem Zweck müssen in allen Gewerbe-, Landwirtschafts-, Handels- und Verkehrsbetrieben, in denen mehr als zwanzig Arbeiter beschäftigt sind, Arbeiterausschüsse gewählt werden. Das | Wahlverfahren und die Rechte der Arbeiterausschüsse müssen durch Gesetz geregelt werden. Das Recht der Teilnahme an der Wahl muß allen in dem Betrieb beschäftigten Personen, seien es nun gelernte oder ungelernte Arbeiter, Angestellte oder Beamte, zustehen. Die einzelnen Kategorien können in gesonderten Kurien wählen. Den auf diese Weise gewählten Arbeiterausschüssen muss das Gesetz Einfluß auf alle diejenigen Angelegenheiten der Betriebsverwaltung zugestehen, die das Wohl der Arbeiter und Angestellten berühren.

Die Arbeiterausschüsse werden also zunächst bei der Aufnahme und Entlassung von Arbeitern mitwirken. Sie werden dafür sorgen, daß bei der Besetzung der Arbeitsstellen die Bestimmungen der kollektiven Arbeitsverträge eingehalten werden, und werden den Arbeitern Schutz zu bieten vermögen gegen willkürliche Entlassungen. Soweit die Arbeitszeit und die Arbeitslöhne nicht schon durch die kollektiven Arbeitsverträge festgesetzt sind, werden sie zwischen dem Unternehmer und dem Arbeiterausschuß vereinbart werden müssen. Insbesondere werden die Arbeiterausschüsse bei der Festsetzung von Stück- und Akkordlöhnen mitwirken. Die einfache Abschaffung des Akkordlohnsystems, die von vielen Arbeitern gewünscht wird, ist in unserer Zeit sicherlich nicht überall möglich. Denn in einer Zeit wie der jetzigen, in der unser ganzes Volk furchtbar verarmt ist, müssen wir alles daransetzen, die Intensität der Arbeit zu steigern, und können darum keines der Mittel entbehren, die erforderlich sind, um eine intensive Ausnutzung der Arbeitszeit zu verbürgen; wir werden diese Mittel um so weniger entbehren können, je kürzer wir die Arbeitszeit bemessen. Wo aber aus diesem Grunde das Akkordlohnsystem nicht beseitigt werden kann, müssen wir darauf bedacht sein, seine großen Gefahren zu mildern. Das geschieht am allerwirksamsten, wenn die Festsetzung der Akkordlohnsätze unter die Kontrolle der Arbeiterausschüsse gestellt wird. Die Arbeiterausschüsse werden jedoch diese Kontrolle nicht ausüben können, wenn ihnen nicht das Recht zugestanden wird, in die Lohnlisten, Kalkulationen und Bilanzen Einsicht zu nehmen. Ist die Bemessung der Akkordlohnsätze nur mit Zustimmung des Arbeiterausschusses zulässig und kann sich der Arbeiterausschuß, ehe er diese Zustimmung erteilt, durch Einsicht in die Kalkulationen des Unternehmers von der Angemessenheit des vorgeschlagenen Lohnsatzes überzeugen, dann verliert das Akkordlohnsystem sehr viel von seinem sonst so gefährlichen Charakter. Auch die Auszahlung der Löhne werden die Arbeiterausschüsse überwachen, die Lohnberechnung überprüfen.

Zu den Aufgaben der Arbeiterausschüsse wird es weiter auch gehören, Streitigkeiten im Betrieb, seien das nun Streitigkeiten zwischen dem Unternehmer und der Arbeiterschaft, zwischen dem Werkmeister und den Arbeitern oder zwischen den Arbeitern selbst, zu schlichten und Ordnungsstrafen über diejenigen zu verhängen, die der unter Mitwirkung des Arbeiterausschusses erlassenen Fabrikordnung zuwiderhandeln. Weiter werden Arbeiterausschüsse alle diejenigen Maßregeln zu überwachen haben, die getroffen werden, um Betriebsunfälle zu verhüten und um die Arbeiter gegen die Gefahren der Gewerbekrankheiten zu schützen. Sie werden bei der Erfüllung dieser Aufgabe mit den Gewerbeinspektoren zusammenwirken: Anträge und Anzeigen an die Gewerbeinspektoren erstatten, den Gewerbeinspektoren regelmäßig über die hygienischen Zustände | in den Betrieben be- 13 richten und die Durchführung der von den Gewerbeinspektoren erlassenen Aufträge überwachen.

An die Arbeiterausschüsse wird weiter die Verwaltung derjenigen Betriebseinrichtungen übergehen, die unmittelbar und ausschließlich der Arbeiterschaft dienen sollen. Werkswohnungen, Werkskonsumanstalten, Betriebsküchen und Wohlfahrtseinrichtungen aller Art werden der Verwaltung der Arbeiterausschüsse übergeben werden. Diese Einrichtungen können und sollen dem

Einfluß des Unternehmers und seiner Organe gänzlich entzogen werden.

Sollen jedoch die Arbeiterausschüsse alle diese Funktion wirksam versehen können, müssen ihre Mitglieder davor geschützt sein, daß aus ihrer Tätigkeit ihnen Schaden erwächst. Wie Abgeordnete ihre parlamentarische Tätigkeit nicht entfalten können, ohne die Immunität, die ihnen gegen Willkür und Rache der Bureaukratie Schutz gewährt, so können die Arbeiterausschüsse nicht wirksam sein, wenn ihre Mitglieder nicht dem Unternehmer gegenüber eine gewisse Unabhängigkeit erlangen, von seiner Willkür unabhängig, im Besitz ihrer Arbeitsstelle geschützt sind. Deshalb muß das Gesetz bestimmen, daß jedes Mitglied eines Arbeiterausschusses nur dann entlassen werden kann, wenn entweder vor einem fachkundigen Gericht bewiesen wird, daß es seine Arbeit nicht mit der Sorgfalt eines ordentlichen Arbeiters verrichtet, oder wenn es sich eine jener Handlungen zuschulden kommen läßt, die den Unternehmer nach der Gewerbeordnung berechtigen, den Arbeiter ohne Kündigungsfrist zu entlassen.

So weit und so wichtig aber auch der Aufgabenkreis der Arbeiterausschüsse sein wird, so wird das Gesetz ihm doch Grenzen setzen müssen. Die technische und ökonomische Leitung der Betriebe kann den Arbeiterausschüssen nicht übertragen werden. Die technische Leitung nicht, weil sie in den Händen fachkundiger, theoretisch und praktisch gebildeter Techniker, Ingenieure und Chemiker bleiben muß, wenn die Produktion nicht Schaden leiden soll. Aber auch die ökonomische Leitung nicht; denn jeder einzelne Betrieb soll nicht nur im Interesse der Arbeiter, die in ihm beschäftigt sind, verwaltet werden, sondern im Interesse der Gesamtheit des Volkes. Die Eisenbahnen sind nicht für die Eisenbahner allein da, sondern für die Volksgesamtheit, und die Möbelindustrie soll nicht im Interesse der Tischler allein verwaltet werden, sondern im Interesse der gesamten Gesellschaft. Deshalb wollen wir die ökonomische wie die technische Leitung der Industrie nicht den Arbeiterausschüssen der einzelnen Betriebe übertragen, sondern Verwaltungsräten, in denen neben

Vertretern der Arbeiter, die in der Industrie beschäftigt sind, die Vertreter des Staates und der Konsumenten sitzen und entscheiden. Wir wollen die Industrie nicht syndikalisieren, sondern sozialisieren, das heißt, nicht jeden Industriezweig den in ihm beschäftigten Arbeitern, sondern alle Industriezweige der Gesellschaft, der Gesamtheit aller Arbeitenden zu eigen geben. Darum muß die technische und ökonomische Leitung der Industrie den Organen der Volksgesamtheit übertragen werden, und die Arbeiterausschüsse können nur als ihnen untergeordnete lokale Organe bei der Verwaltung der einzelnen Betriebe mitwirken, ähnlich wie etwa die Gemeinden bei der Verwaltung der einzelnen Teile des Staatsgebietes an der Staatsverwaltung mitwirken.| 14

Die Entwicklung der Betriebsverfassung folgt der Entwicklung der Staatsverfassung. Wir haben im Staate die Entwicklung erlebt von dem Absolutismus, in dem der Fürst allein entscheidet, über die konstitutionelle Monarchie, in der die Macht zwischen dem Fürsten und der Volksvertretung geteilt ist, zur Republik, in der alle Macht der Volksvertretung übertragen ist. Einen ähnlichen Weg muß auch die Betriebsverfassung durchlaufen. Wir hatten zuerst den Absolutismus des Unternehmers, der allein in der Fabrik herrscht. Mit der Einrichtung der Arbeiterausschüsse gelangen wir in der Fabrik zur konstitutionellen Monarchie: die rechtliche Herrschaft in dem Betrieb wird geteilt zwischen dem Unternehmer, der als erblicher Monarch den Betrieb beherrscht, und dem Arbeiterausschuß, der das Parlament der Arbeiter des Betriebes ist. Darüber hinaus geht der Weg zur republikanischen Verfassung der Industrie. Der Unternehmer verschwindet, die technische und ökonomische Leitung jedes einzelnen Industriezweiges wird einem Verwaltungsrat übertragen, der aus Vertretern des Staates, der Konsumenten und der Arbeiter zusammengesetzt wird, und die lokale Verwaltung jedes Betriebes wird geteilt zwischen den technischen Beamten, die dieser Verwaltungsrat ernennt, und dem Arbeiterausschuß, den die Arbeiter des Betriebes wählen.

5

Die Vergesellschaftung des Großgrundbesitzes

～

DER GRUND UND BODEN war in alten Zeiten Eigentum des Volkes. Mit der Stärkung der fürstlichen Gewalt fiel die Verfügung über das Volkseigentum an die Fürsten. Die Fürsten gaben Bodenlose an ihre Gefolgsmänner, an Bischöfe und Äbte zu Lehen und verpflichteten sie dafür zu Hoffahrt und Heeresfolge. Jahrhundertelang war das Lehenswesen die Grundlage des Staates. Aber seit dem Ausgang des Mittelalters ist es verfallen. Der Boden, den die Herren nur als Lehen empfangen hatten, wurde schließlich zu ihrem privaten Eigentum, das nicht mehr durch Lehensverpflichtungen belastet war, und sie dehnten dieses private Eigentum aus, indem sie die Allmenden, die noch Gemeineigentum der Bauerngemeinden waren, einhegten und die einzelnen Bauern „legten". Auf diese Weise ist der Großgrundbesitz entstanden. Der alte Volksbesitz am Grund und Boden ist in die Hände des Adels und der Kirche übergegangen. Dem Volke wiederzuerobern, was einst sein Gemeinbesitz war, wird die größte und wichtigste Aufgabe der sozialen Revolution sein.

Nicht mit einem Schlage kann diese Umwälzung erfolgen. Zunächst wird der Forstbesitz aus den Händen der Privatleute in die Hände der Gesellschaft übergehen müssen. Unsere Wälder sind Deutschösterreichs größter Reichtum; im Besitz der Wälder wird unser Volk erst die Verfügung über eine der wichtigsten Grundlagen seiner Volkswirtschaft gewinnen. Daneben werden zunächst die Fideikommisse, das Grundeigentum der „Toten Hand" und die anderen Latifundien vergesellschaftet werden müssen. Erst wenn die Gesellschaft mit der Bewirtschaftung dieser größten Gü-

ter Erfahrungen gesammelt haben wird, wird sie dann auch zur
Vergesellschaftung des übrigen Großgrundbesitzes bis zu Gütern
von etwa 100 Hektar hinab schreiten können. Die Enteignung
des bäuerlichen Besitzes ist selbstverständlich ausgeschlossen.
Sie wäre nicht nur in | sozialer Beziehung nicht ratsam, sondern   15
auch in technischer nicht durchführbar.

Die Vergesellschaftung des Großgrundbesitzes wird mit seiner
Enteignung beginnen, die in gleicher Weise erfolgen kann wie die
Enteignung des großen Industriebetriebes: die einzelnen Eigentümer werden also eine Entschädigung im vollen Betrag des Wertes
ihres Eigentums bekommen, aber der Entschädigungsbetrag wird
aufgebracht werden durch eine progressive Vermögensabgabe,
die von der Gesamtheit aller Besitzenden eingehoben wird. Die
Bewirtschaftung des enteigneten Bodens wird aber sehr verschiedene Gestalten annehmen müssen. Es gibt Bodengattungen, die
rationell nur im Großbetrieb bewirtschaftet werden können; so
zum Beispiel die Forste. Dann aber gibt es auch Bodengattungen,
die zweckmäßig nur im Kleinbetrieb bewirtschaftet werden können; so zum Beispiel die Weingärten. Durch die Enteignung wird
der Staat zunächst die Verfügung über beiderlei Bodengattungen
erhalten; er wird sowohl die Forste, die heute dem Adel gehören,
als auch das Weinland, das heute Bistümern, Klöstern, Stiften
gehört, im Besitz haben. Er wird aber die Bodengattung ganz
anders bewirtschaften als die andere. Was zweckmäßig nur im
Großbetrieb bewirtschaftet werden kann, wird er gesellschaftlich
bewirtschaften müssen; was im Kleinbetrieb zweckmäßiger zu
bewirtschaften ist, wird er Kleinbetrieben übertragen.

Die Bewirtschaftung desjenigen Bodens, der in *Großbetrieb* größeren Ertrag verspricht, wird in ähnlicher Weise organisiert werden wie die Bewirtschaftung der vergesellschafteten Großindustrie. Man wird also die enteigneten Landgüter zunächst Verwaltungsräten übertragen, die zusammengesetzt werden aus Bevollmächtigten der Bezirksvertretung, in deren Sprengel das Landgut
liegt, aus theoretisch und praktisch gebildeten Landwirten, die
von der Bezirksagrarbehörde ernannt werden, aus Vertretern der

Arbeiter und der Gutsbeamten, die auf dem Landgut beschäftigt sind, und aus Bevollmächtigten der Konsumvereine des Bezirkes. Dieser Verwaltungsrat wird auf Grund von Vorschlägen der Bezirksagrarbehörde den Gutsverwalter ernennen, die kollektiven Arbeitsverträge mit den land- und forstwirtschaftlichen Arbeitern abschließen, über den Reingewinn verfügen. Von dem Reingewinn wird ein Teil dem staatlichen Investitionsfonds zugeführt werden müssen; der Rest wird geteilt werden zwischen dem Bezirk einerseits, den Arbeitern und Beamten des Guts anderseits. Die Tätigkeit dieser Verwaltungsräte, die die einzelnen Landgüter verwalten, wird beaufsichtigt werden durch die Landeskulturräte, deren Zusammensetzung in ähnlicher Weise gestaltet werden muß wie die der einzelnen Verwaltungsräte. Über ihnen wird endlich ein Reichslandwirtschaftsrat stehen, der aus Vertretern des Staates, der landwirtschaftlichen Hochschulen, der landwirtschaftlichen Arbeiter und der Konsumvereine zusammengesetzt sein wird. Dieser Reichslandwirtschaftsrat wird über den staatlichen Investitionsfonds verfügen. Er wird festsetzen, welche größeren Investitionen und Meliorationen auf den einzelnen Gütern vorzunehmen sind. Er wird anordnen, in welchem Verhältnis der Boden auf die einzelnen Kulturgattungen zu verteilen ist, und auf diese Weise dafür Sorge tragen, daß die verschiedenen Bedürfnisse, die die Land- und Forstwirtschaft zu befriedigen hat, möglichst gleichmäßig befriedigt werden. |

Diejenigen enteigneten Güter, welche im *Kleinbetrieb* mit besserem Ertrag genützt werden können als im Großbetrieb, werden in Parzellen geteilt und an Kleinbauern und landwirtschaftliche Arbeiter vergeben werden. Zu welchem Rechte soll aber diese Vergebung erfolgen? Sollen die auf dem enteigneten Boden anzusiedelnden Kleinbauern und Landarbeiter Eigentümer dieses Bodens werden oder seine Pächter sein?

Wenn der Bauer Boden kauft, bleibt er einen großen Teil des Kaufschillings schuldig. Er nimmt eine Hypothek auf und muss Jahr für Jahr aus dem Ertrag des Bodens die Hypothekenzinsen bezahlen. Stirbt der Bauer, so übernimmt einer seiner Söhne das

Gut, während die anderen, die „weichenden Geschwister", mit einem Geldbetrag abgefertigt werden. Auch ihnen wird für diese Schuld der Boden verpfändet, auch ihnen müssen aus dem Bodenertrag Hypothekenzinsen bezahlt werden. Je höher der Bodenertrag ist, desto höher sind auch die Bodenpreise. Je höher die Bodenpreise sind, desto höher sind die Kaufschillingsreste und die Erhabfindungsgelder, desto höher also die Hypothekenzinsen, die der Bauer alljährlich entrichten muß. Sinken nun die Preise der landwirtschaftlichen Erzeugnisse, so sinkt der Bodenertrag, und der Bauer gerät in Gefahr, die Hypothekenzinsen nicht mehr aufbringen zu können; er geht zugrunde, sein Boden wird vergantet. Wo also die kleinen Landwirte Eigentümer ihres Bodens sind, kann der Staat die Preise der landwirtschaftlichen Erzeugnisse, also die Preise der wichtigsten Lebensmittel, nicht herabsetzen, ohne eine schwere soziale Krise auf dem Lande herbeizuführen. Dieselbe Gefahr besteht auch bei den sogenannten Rentengütern. Der Bauer erwirbt sie nicht, indem er ein Kapital als Kaufpreis hingibt, sondern indem er sich zur Zahlung einer jährlichen Rente verpflichtet. Die Rente wird aber festgesetzt nach dem Bodenertrag zur Zeit des Bodenerwerbes. Sie ist zu niedrig, wenn der Bodenertrag später steigt, zu hoch, wenn er sinkt.

Wo dagegen die Landwirte nicht Eigentümer, sondern Pächter des Bodens sind, dort besteht diese Gefahr freilich nicht. Denn der Pachtzins kann von Zeit zu Zeit geändert werden: erhöht, wenn der Bodenertrag steigt, und gesenkt, wenn der Bodenertrag sinkt. Das Pachtverhältnis hat also den Vorzug, daß der Staat die Preise der Lebensmittel herabsetzten kann, ohne die Landwirte in Gefahr zu bringen; denn sie bleiben ungefährdet, wenn mit den Preisen der landwirtschaftlichen Erzeugnisse auch die Pachtzinse ermäßigt werden. Dafür aber hat das Pachtverhältnis wieder andere Nachteile. Denn der Pächter ist nie sicher, ob er nach dem Ablaufen des Pachtvertrages das Gut wird behalten können. Er scheut daher größere Investitionen, weil er nicht weiß, ob ihre Früchte ihm zufallen werden.

Es handelt sich also darum, eine Rechtsform zu finden, die einerseits den Landwirt im Besitz seines Gutes sichert und ihm dadurch kostspieligere Investitionen möglich macht, die es aber andererseits dem Staate möglich macht, den Zins, den der Landwirt entrichten muß, den jeweiligen Preisen der landwirtschaftlichen Erzeugnisse anzupassen, ihn zu erhöhen, wenn diese Preise steigen, und zu senken, wenn diese Preise sinken. Dies kann am besten durch ein zweckmäßig gestaltetes Erbpachtrecht erfolgen.

Der enteignete Boden wird also an landwirtschaftliche Arbeiter und Kleinbauern verpachtet werden; bei der Auswahl der Pächter werden die | Kriegsbeschädigten bevorzugt werden können. Das Pachtrecht ist unbefristet und erblich; der Pächter kann nur dann abgestiftet werden, wenn vor einem sachkundigen Gericht erwiesen wird, daß er das Gut nicht mit der Sorgfalt eines ordentlichen Landwirtes bewirtschaftet. Der Pachtzins wird von zehn zu zehn Jahren durch die Bezirksagrarbehörde neu bemessen; er ist so festzusetzen, daß dem Pächter und seinen mitarbeitenden Familienmitgliedern ein auskömmlicher Arbeitslohn verbleibt. Von dem Pachtzinsertrag fällt ein Teil dem Bezirk, ein anderer dem staatlichen Investitionsfonds zu. Der Reichslandwirtschaftsrat, der den staatlichen Investitionsfonds verwaltet, wird den Pächtern aus diesem Fonds Meliorations- und Investitionsdarlehen gewähren.

Auf diese Weise wird der enteignete Großgrundbesitz zweckmäßig bewirtschaftet werden können. Die Grundrente, die heute den Großgrundbesitzern zufällt, wird den Bezirken zufließen und die Kosten der Lokalverwaltung im Staate decken. Den landwirtschaftlichen Arbeitern werden Einfluß auf die Verwaltung und Anteil an Gewinn der großen gesellschaftlich bewirtschafteten Güter gesichert sein, während gleichzeitig viele Zehntausende von Kleinbauern und landwirtschaftlichen Arbeitern zu gesichertem Erbpachtrecht auf den anderen enteigneten Gütern angesiedelt werden. Den Konsumenten wird ein unmittelbarer Einfluß auf die landwirtschaftliche Betriebsführung zugestanden werden. Der staatliche Investitionsfonds, aus dem Ertrag der enteigneten

Güter reich gespeist, wird durch großzügige Investitionen und Meliorationen die Ergiebigkeit unseres Bodens schnell steigern.

Freilich, alle diese Reformen können sich nur auf denjenigen Boden erstrecken, der heute dem Adel, der Kirche und den Kapitalisten gehört. In ganz anderer Weise muss die bäuerliche Wirtschaft neu gestaltet werden. Davon werden wir in unserer nächsten Abhandlung sprechen.

6

Sozialisierung der bäuerlichen Wirtschaft

~

E GIBT ZWEIERLEI EIGENTUM an Arbeitsmitteln: Arbeitseigentum und Ausbeutungseigentum. Der Bauer ist Eigentümer des Bodens, den er selbst bearbeitet, und der Ernte, die der Ertrag seiner eigenen Arbeit ist; das ist echtes Arbeitseigentum. Der Großgrundbesitzer ist Eigentümer weiter Bodenflächen, die er nicht selbst bearbeitet, sondern von anderen bearbeiten läßt, um aus dem Ertrag ihrer Arbeit Gewinn zu ziehen; der Aktionär ist Miteigentümer von Bergwerken, die er nie gesehen hat, von industriellen Unternehmungen, in denen er nie gearbeitet hat, und zieht aus der Arbeit derer, die in ihnen arbeiten, seinen Gewinn; das ist Ausbeutungseigentum. Der Sozialismus will das Ausbeutungseigentum überwinden, nicht das Arbeitseigentum. Der Grund und Boden des Adels, der Kirche und der Kapitalisten soll vergesellschaftet werden; der Grund und Boden des Bauern soll sein Privateigentum bleiben.

Aber wenngleich die bäuerliche Wirtschaft auf dem Privateigentum an Grund und Boden begründet bleiben muß, so soll doch auch sie von der Gesellschaft gefördert, der planmäßigen Wirksamkeit der Gesellschaft unterworfen, der Volksgesamtheit dienstbar gemacht werden. Das erfordert nicht nur das Interesse der Bauernschaft selbst, die bloß durch die tätige Mit- | wirkung und planmäßige Leitung der Gesellschaft befähigt werden kann, alle Errungenschaften der modernen Wissenschaft im Landbau auszunützen, die Ergiebigkeit ihrer Arbeit zu steigern und zu menschenwürdigem Dasein aufzusteigen, sondern auch das Interesse der städtischen und industriellen Bevölkerung, die nur dann reichlich und zu wohlfeilen Preisen mit Lebensmitteln ver-

sorgt werden kann, wenn es gelingt, dem Bauernland weit höhere
Erträge abzuringen als bisher. Hat die agrarische Politik ihre Aufgabe vor allem darin gesehen, dem Bauern hohe Preise seiner
Erzeugnisse zu sichern, so muß die sozialistische Agrarpolitik
vor allem darauf ausgehen, den Bauern zu lehren und es ihm zu
ermöglichen, seinem Boden weit höheren Ertrag abzuringen, als
er dies bisher zu tun vermochte.

Zu diesem Zweck müssen zunächst die Rechtsverhältnisse an
Grund und Boden wesentliche Veränderungen erfahren. Vor allem muß die Zusammenlegung (Kommassation) der landwirtschaftlichen Grundstücke erleichtert und gefördert werden. In
dem größten Teile unseres Landes ist der bäuerliche Grundbesitz furchtbar zersplittert; jeder Bauer hat viele, oft Dutzende
Parzellen. Das soll nun aufhören: der Bauer soll seine vielen, im
Gemenge liegenden Parzellen gegen ein wohlabgerundetes, zu-
sammenhängendes Gut gleichen Wertes eintauschen. Die Erfahrungen in Preußen haben gezeigt, dass dieser bloße Besitzaus-
tausch genügt, nicht nur die Arbeitslast des Bauern wesentlich
zu erleichtern und die Produktionskosten wesentlich zu ermäßigen, sondern auch den Hektarertrag bedeutend zu erhöhen.
Die Benützungs- und Verwaltungsrechte an gemeinschaftlichen
Grundstücken müssen reguliert werden, die freie Teilbarkeit der
Gemeingründe muss abgeschafft werden, die Nutzungsrechte der
kleinen Besitzer und Häusler an Gemein- und Gemeindegründen
müssen gesichert werden. Die Wald- und Weideservituten der
Bauern an dem ehemals herrschaftlichen Boden müssen gele-
gentlich der Enteignung des Großgrundbesitzes neu reguliert
werden. Ein Alpenschutzgesetz soll verhindern, daß die Alpen
dem alpwirtschaftlichen Betrieb entzogen werden. Das Jagdrecht
soll ausschließlich den Gemeinden zustehen; die Überhegung des
Jagdwildes muß durch strenge Vorschriften verhindert werden.
Den Gemeinden ist ein Vorkaufsrecht zu sichern an allem Boden,
der in ihrem Gemeindegebiet zum Verkauf gelangt.

Die Überlastung des Bodens mit Hypotheken muß verhindert
werden. Die bestehenden Hypotheken werden allmählich in sol-

che konvertiert werden müssen, welche auf Seite der Gläubiger unkündbar sind und vom Schuldner binnen einem Menschenalter in Jahresraten amortisiert werden müssen. Die Feuer-, Hagelschlag- und Viehversicherung muß obligatorisch sein, damit der Bauer bei Unglücksfällen nicht gezwungen sei, seinen Boden mit Notstandshypotheken zu belasten. An die Stelle des Ausgedinges muß die obligatorische Altersversicherung treten.

Wird schon durch diese Reformen die bäuerliche Wirtschaft rationalisiert werden, so wird der Staat weiterhin besondere Behörden schaffen müssen, denen die Aufgabe zustehen wird, die Bauern zu rationeller Bewirtschaftung ihres Bodens anzuleiten. In jedem Bezirk wird eine Bezirksagrarbehörde errichtet werden, die von theoretisch und praktisch gebildeten Landwirten geleitet werden wird. Ihr wird ein von der Bauernschaft des Bezirkes gewählter Beirat beigegeben sein. Sie wird vor allem durch planmäßige Aufklärungsarbeit, durch die Errichtung und Erhaltung von Winterschulen und Versuchs- und Mustergütern die Bauern zu besserer Bewirtschaftung | ihres Bodens anleiten. Mit Zustimmung des Beirates wird sie aber auch zwingende Vorschriften erlassen können über die Verteilung des Bodens auf die einzelnen Kulturgattungen, über die Auswahl des Saatgutes, über die Verwendung des Kunstdüngers, über die Fruchtfolge, über die Auswahl des Zuchtviehs, über die Einrichtung der Ställe, über die Fütterung, über die Behandlung der Milch usw. Ebenso wird sie mit Zustimmung des Beirates die Bauern zur Zugehörigkeit zu landwirtschaftlichen Genossenschaften und zur Einleitung des Kommassationsverfahrens verpflichten können.

Eine wichtige Aufgabe der neuen Organisation wird darin bestehen, den privaten Handel und die Spekulation mit Erzeugnissen der Landwirtschaft vollkommen auszuschalten. Zunächst wird der Betrieb des Getreides gesellschaftlich organisiert werden müssen. Die Bauern und Pächter werden verpflichtet sein, Getreideverwertungsgenossenschaften zu bilden und ihre Getreide, soweit sie es zu verkaufen wünschen, nur an diese Genossenschaften abzugeben. Die Genossenschaften werden das Getreide in den von ihnen errichteten Lagerhäusern einlagern und es der staatlichen Getreideverkehrsanstalt verkaufen. Die Getreideverkehrsanstalt wird von einem Verwaltungsrat geleitet werden, von dessen Mitgliedern je ein Drittel von der Nationalversammlung, von den landwirtschaftlichen Genossenschaften und von den Konsumvereinen ernannt werden wird. Der Verwaltungsrat wird den Preis festsetzen, zu dem er das Getreide von den bäuerlichen Getreideverwertungsgenossenschaften übernimmt. Er wird diesen Preis unabhängig vom Weltmarktpreis festsetzen, und zwar so, daß den Kleinbauern und ihren mithelfenden Familienmitgliedern ein auskömmlicher Arbeitslohn gesichert bleibt. Ausländisches Getreide wird die staatliche Getreideverkehrsanstalt zollfrei zum Weltmarktpreis beziehen. Das Getreide wird dann ohne Rücksicht darauf, ob es inländischen oder ausländischen Ursprungs ist, dem Industrieverband der Mühlen zu einem mittleren Preise abgegeben werden; dieser mittlere Preis wird so bemessen sein, daß die Getreideverkehrsanstalt keinen Gewinn erzielt.

Eine solche Organisation des Getreidevertriebes wird mannigfache Vorteile haben. Während sich in der Friedenszeit zwischen den Bauern und den Konsumenten der kapitalistische Handel eingeschoben hat, der das Getreide des Bauern zu niedrigen Preisen abnahm und es den Städtern zu hohen Preisen verkaufte, wird nunmehr dieser verteuernde Zwischenhandel ausgeschaltet sein. Die Börsenspekulation in Getreide wird unmöglich werden. Die Frage der Getreidezölle wird an Bedeutung verlieren. Bisher war der Preis inländischen Getreides durch den Einfuhrpreis ausländischen Getreides bestimmt; der Staat konnte daher dem inländischen Bauern einen höheren Preis als den Weltmarktpreis nicht sichern, ohne den Konsumenten zugleich auch das ausländische Getreide um den Betrag des Zolles zu verteuern. Das wird nun aufhören. Der Staat wird, wenn erst auf dem Weltmarkt wieder normale Verhältnisse herrschen werden, das Getreide den inländischen Bauern zu einem höheren Preise, den ausländischen Landwirten zu einem niedrigeren Preise abkaufen und es dem Konsumenten zu einem mittleren Preise abgeben können. Anderseits aber wird sich unsere Organisation auch von dem kriegswirtschaftlichen Monopol sehr wesentlich unterscheiden. Denn sie wird nicht wie die jetzige Kriegsgetreideverkehrsanstalt bureaukratisch organisiert sein, sondern demokratisch | auf den bäuerlichen Genossenschaften selbst aufgebaut sein, und sie wird, wenn erst die Zeit der schlimmsten Not vorüber sein, der Welthandel wieder frei sein wird, selbstverständlich auch kein Requisitionsrecht mehr haben, sondern nur das Monopol auf den Betrieb desjenigen Getreides, das die Bauern selbst freiwillig verkaufen wünschen.

In ähnlicher Weise wird auch der private Handel mit Vieh, Milch und anderen Erzeugnissen der Landwirtschaft ausgeschaltet werden können. Die Landwirte geben ihre Erzeugnisse an Genossenschaften ab, denen anzugehören sie verpflichtet sind, und diese führen sie unmittelbar den Gemeinden und Konsumvereinen zu.

Zu einer weiteren Reform wird in einem späteren Zeitpunkt auch die Vergesellschaftung der Hypothekenbanken die Möglichkeit bieten. Wenn der Staat über die Hypothekenbanken und die Versicherungsgesellschaften verfügen wird, wird er die Gewährung von Hypothekarkredit an die Bauern nach volkswirtschaftlichen Gesichtspunkten ordnen können. Wird jetzt der Hypothekarkredit ausschließlich mit Rücksicht auf die Rentabilität gewährt, so wird der Staat dann Meliorationshypotheken vor allem dort gewähren, wo durch sie die Ergiebigkeit des Bodens am wirksamsten gesteigert oder die Befriedigung des dringendsten Konsumbedürfnisses ermöglicht werden kann. Darüber hinaus aber wird die Verfügung über die Hypothekenbanken zu noch viel folgenschwereren Neugestaltungen führen können. Denn wenn der Staat als einziger oder doch bei weitem größter Hypothekengläubiger allen Landwirten gegenüberstehen wird, wird er in der Lage sein, den Bauern die Hypotheken zu erlassen und an ihre Stelle einen Grundzins zu setzen, der nach der Leistungsfähigkeit der einzelnen Wirtschaften abgestuft und je nach den

Schwankungen der Preise und der Bodenerträgnisse von zehn zu zehn Jahren neubemessen wird.

Dem reichen Bauern wird ein Grundzins vorgeschrieben werden, der höher sein wird als die Hypothekenzinsen, die er jetzt entrichten muß; dafür aber wird der arme Bauer entlastet, sein Grundzins niedriger bemessen werden, als heute die Hypothekenzinsen sind, die auf seiner Wirtschaft lasten. So werden die Klassengegensätze im Dorf ausgeglichen. Zugleich aber wird dem Staat auch erst die Möglichkeit geschaffen, die städtischen Verbraucher zu entlasten. Heute kann der Staat die Preise des Getreides, des Viehes, der Milch nicht allzu tief senken; denn sonst würden die Bauern die Hypothekenzinsen nicht mehr aufbringen können, sie gingen zugrunde. Tritt aber an die Stelle der Hypothekenzinsen der vom Staat festgesetzte Grundzins, dann kann der Staat die Preise der landwirtschaftlichen Erzeugnisse wesentlich herabsetzen, wenn er nur auch den Grundzins in entsprechendem Maße ermäßigt.

Auf diese Weise wird die Gesellschaft die bäuerliche Wirtschaft sozialisieren. Die bäuerliche Wirtschaft wird also vergesellschaftet werden, ohne daß das Privateigentum an Grund und Boden aufgehoben wird. Der Staat wird durch die Reform der Grundeigentumsverhältnisse, durch die leitende Tätigkeit seiner Bezirksagrarbehörden und durch die planmäßige Gewährung von Meliorationskrediten die bäuerliche Wirtschaft rationalisieren und intensivieren, im Interesse der Bauern selbst wie der städtischen Konsumenten den Bodenertrag erhöhen. Zugleich aber wird der Staat auch einerseits die Preise der Arbeitsmittel, die der Bauer kaufen muß, und den Grundzins, den der Bauer entrichten muß, regeln, anderseits die Preise der Waren, die der | 21 Bauer verkauft, bestimmen. Dadurch wird der Staat die Höhe des Einkommens der Bauernschaft regeln; er wird sie so regeln können, daß weder der Bauer von der Stadt, noch die Stadt von der Bauernschaft ausgebeutet wird. Auf diese Weise wird sich eine sozialistische Gesellschaft, ohne das Privateigentum an Grund und Boden aufzuheben, auch die arbeitenden Massen unseres Landvolkes ordnend, regelnd und führend einfügen.

7

Die Sozialisierung des Wohnbodens und der Haushaltungen

EINES DER CHARAKTERISTISCHEN MERKMALE der kapitalistischen Gesellschaftsordnung ist die Zusammenballung immer gewaltigerer Volksmassen in den Großstädten und Industriegebieten. In dem Maße, als die Bevölkerung der Großstädte und Industriegebiete wächst, steigen die Wohnungspreise, die Grundrente, die Bodenwerte. Während den Eigentümern des städtischen Grund und Bodens infolge des Wachstums der Bevölkerung ein unverdienter Wertzuwachs zufällt, drängt sich die Volksmasse immer dichter in übervölkerten Mietkasernen zusammen. Die Überfüllung der Wohnungen ist die schlimmste Gefahr für die Volksgesundheit, die Quelle der ungeheueren Verbreitung der Tuberkulose, der Verwahrlosung der Jugend, der Zerrüttung des Familienlebens. Der Krieg hat diese Gefahren nur vergrößert. Fünf Jahre lang sind keine Wohnhäuser gebaut worden; vielen Gemeinden droht daher furchtbare Wohnungsnot. Die Baukosten sind ungeheuer gestiegen; es droht daher, sobald die Mieterschutzgesetze außer Wirksamkeit treten, eine ungeheuerliche Steigerung der Mietzinse. Die Volksgesundheit ist durch den Krieg völlig zerstört; so ist es dann doppelt notwendig, die Wohnungsfrage zu lösen.

Die wichtige Aufgabe auf diesem Gebiet fällt den Gemeinden zu; der Staat muß den Gemeinden nur die rechtlichen Mittel geben, diese Aufgabe zu lösen. Zu diesem Zweck muß der Staat den Gemeinden das Recht zugestehen, das städtische Bauland und die Miethäuser im Stadtbezirk zu enteignen. Die bisherigen Eigentümer müssen selbstverständlich von den Gemeinden

entschädigt werden. Sie werden als Entschädigung Wertpapiere empfangen, die sie berechtigen, einen festen Zins aus dem
Erträgnis des kommunalisierten Bodens zu beziehen. Ist dies ge-
setzlich geregelt, so wird es jeder Gemeinde freistehen, entweder
nur den noch unbebauten Boden oder aber auch die schon bestehenden Miethäuser in ihren Besitz zu übernehmen, wenn sie
dies für vorteilhaft findet. Wenn eine Stadt befürchten muß, daß
infolge der politischen und wirtschaftlichen Neugestaltungen
ihre Bevölkerung zurückgehen wird, dann wird sie es allerdings
kaum vorteilhaft finden, den Boden in den Gemeindebesitz zu
überführen. Städte aber, die erwarten dürfen, dass ihre Bevölkerung auch in Zukunft wachsen wird, werden den Boden zu dem
gegenwärtigen Preise übernehmen, damit der Wertzuwachs des
Bodens, der infolge des Wachstums der Bevölkerung eintreten
wird, nicht mehr Privatleute bereichere, sondern der Gemeinde
zufalle.

Der Staat wird weiter jedem Staatsbürger einen klagbaren Anspruch gegen die Gemeinde auf Zuweisung einer seinen persönli-
chen Verhältnissen angemessenen Wohnung gegen ortsüblichen
Mietzins zugestehen müssen. Wird ein solches „Recht auf Woh-
nung" anerkannt, so wird jede Gemeinde | gezwungen sein, selbst   22
dafür zu sorgen, daß die Bautätigkeit der Entwicklung des Woh-
nungsbedarfes angepaßt werde. Das „Recht auf Wohnung" wird
diejenigen Gemeinden, deren Bevölkerung wächst, zwingen, von
dem Rechte der Enteignung des städtischen Baulandes Gebrauch
zu machen und das Bauland entweder selbst zu bebauen oder zu
Erbbaurecht an Baulustige und Baugenossenschaften zu vergeben, und zwar so schnell, daß der Vorrat an verfügbaren Wohnungen immer ebenso schnell anwachse wie der Wohnungsbedarf
der Bevölkerung.

Weiter wird der Staat auch die Mietzinse in den kommunalen Miethäusern regeln müssen. Grundsätzlich wird festgesetzt
werden müssen, daß die Gemeinde die Mietzinse von Kleinwohnungen, Werkstätten und Geschäftsladen so bemessen muß, daß
nur ihre Selbstkosten gedeckt werden. Einen Gewinn werden die

Gemeinden aus der Vermietung dieser Mietobjekte nicht ziehen dürfen. Nur Luxuswohnungen und Wohnungen und Geschäftsladen in begünstigter Lage werden die Gemeinden zu höheren Zinsen vermieten und den Gewinn, den sie aus ihnen ziehen, zur Ermäßigung der Mietzinse der Kleinwohnungen oder zur Befriedigung allgemeiner Gemeindebedürfnisse verwenden können.

Endlich wird der Staat auch das Mietrecht wesentlich umgestalten müssen. Wo die Miethäuser der Gemeinde gehören, wird festgestellt werden können, daß den Mietern die Wohnungen, Werkstätten und Geschäftsladen nur dann aufgekündigt werden können, wenn vor dem Wohnungsamt bewiesen wird, daß sie die Mietobjekte nicht pfleglich behandeln, daß sie Ruhe und Ordnung in den Miethäusern stören oder daß sie den Mietzins aus eigenem Verschulden nicht bezahlen.

Sehr wichtig wird es sein, die Verwaltung der kommunalen Miethäuser zweckmäßig zu regeln. Es ist natürlich nicht denkbar, daß eine große Gemeinde alle Miethäuser im Stadtgebiet von einer Stelle aus verwaltet. Es wird daher notwendig sein, die Miethäuser durch die Mieter selbst verwalten zu lassen. Die Verwaltung der einzelnen Häuser wird Mieterausschüssen übertragen werden und diese Mieterausschüsse werden selbst für die Instandhaltung, pflegliche Behandlung und Reinigung der Miethäuser Sorge tragen, wenn nur bestimmt wird, daß für jede Beschädigung und Verwahrlosung die Mieter selbst haften und zu den Kosten ihrer Wiedergutmachung im Verhältnis des Mietzinses beizutragen haben.

Sind aber zunächst zu diesem Zwecke Mieterausschüsse konstituiert, so werden sie bald auch andere Aufgaben übernehmen. Die Mieterausschüsse werden berechtigt sein, zur Entlastung der Hausfrauen für jedes einzelne Haus oder jeden einzelnen Häuserblock Zentralküchen, Zentralwaschküchen, Zentralheizanlagen, Spielräume und Lernzimmer für die Kinder, gemeinsam Speiseräume, Lesezimmer und Spielzimmer für die Erwachsenen einzurichten und die zur Führung dieser gemeinsamen Einrichtungen erforderlichen Köchinnen, Wäscherinnen, Kinderpflegerinnen usw. zu bestellen. Zu den Kosten dieser Einrichtungen werden die Mieter im Verhältnis ihres Mietzinses beitragen. Auf diese Weise werden die Haushaltungen teilweise sozialisiert werden; viele Aufgaben, die heute für jede Haushaltung einzeln besorgt werden müssen, werden dann für viele Haushaltungen gemeinsam durch den Mieterausschuß und seine Organe besorgt werden. Die arbeitenden Frauen werden nicht mehr der Doppelarbeit im Beruf und im Haushalt erliegen. Für die Kinder wird viel besser als bisher | vorgesorgt sein; wenn die Mutter in die Fabrik oder 23 ins Bureau geht, wird sie die Kinder nicht mehr sich selbst überlassen müssen, sondern der Obhut der vom Mieterausschuß des Hauses oder Häuserblocks bestellten Kinderpflegerin in den dazu eingerichteten Spiel- und Lernzimmern übergeben. Endlich aber werden auch die Männer dank dieser teilweisen Sozialisierung der Haushaltungen ein behaglicheres Heim erlangen. Während heute der Arbeiter seine Mußestunden in derselben Kammer verbringen muß, die als Küche, als Waschraum, als Spielzimmer für die Kinder dient, während er heute aus dem unbehaglichen Heim nur allzu oft, wenn er nur kann, in das Gasthaus flieht, wird er dann in dem Hause neben seiner Wohnung auch Lesezimmer, Spiel- und Unterhaltungsräume finden, in denen er seine Mußestunden behaglich verbringen kann.

So wird die Sozialisierung des städtischen Baulandes die ganzen Lebensbedingungen der breiten Volksmassen völlig verändern. Ist das Bauland und sind die Miethäuser in das Eigentum der Gemeinden übergegangen, dann gibt es keine Obdachlosigkeit mehr; denn jedermann hat dann klagbaren Anspruch auf Zuweisung einer angemessenen Wohnung. Es gibt dann kein „Steigern" mehr; denn da die Gemeinde die Mietzinse so bemessen muß, daß nur ihre Selbstkosten gedeckt werden, wird das Wachstum der Bevölkerung nicht mehr wie bisher zur Folge haben können, daß die Mietzinse erhöht werden. Zugleich gibt es auch keine Kündigung mehr: denn die Gemeinde wird dem Mieter nur dann aufkündigen können, wenn er die Wohnung nicht mit der Sorgfalt eines ordentlichen Mieters benützt und behandelt. Es gibt keine Willkürherrschaft des Hausherrn, Hausinspektors oder Hausmeisters mehr: an ihre Stelle tritt ja der von den Mietern selbst gewählte Mieterausschuß. Und es gibt schließlich auch keinen freudlosen, unbehaglichen Einzelhaushalt mehr: die kleine Wohnung der einzelnen Familie findet ihre Ergänzung in den gemeinsamen Räumen und gemeinsamen Einrichtungen, die die demokratische Gemeinschaft der Mieter für alle schafft.

8

Die Vergesellschaftung der Banken

ᵔ

ALLE VERFÜGBAREN KAPITALIEN der Industriellen, der Kaufleute und der Landwirte, alle kleinen Ersparnisse und alle Gelder, die ihre Eigentümer zeitweilig nicht zu verwenden vermögen, fließen bei den Banken zusammen. So verfügen die Banken stets über große Massen fremder Gelder, und diese Verfügung gibt ihnen gewaltige Macht in der Gesellschaft. In den letzten Jahrzehnten vor dem Kriege haben die Banken die ganze große Industrie ihrer Herrschaft unterworfen; über den Industriellen thronte als ihr Herr das Finanzkapital. Wer damals die Sozialisierung der Industrie erwog, mochte mit Recht glauben, daß sie am besten mit der Sozialisierung der Banken begänne. Denn wenn die Gesellschaft zur Herrin der Banken würde, würde sie eben dadurch zur Herrin der Industrie.

Der Krieg aber hat die wirtschaftliche Funktion der Banken wesentlich verändert. Die Banken sind im Verlauf des Krieges so sehr zu Instrumenten des Staatskredits geworden, daß demgegenüber ihre anderen Funktionen weit zurückgetreten sind. Im Grunde genommen waren sie | während des Krieges nichts 24 anderes als Requisitionsanstalten der Heeresverwaltung, mit der Aufgabe betraut, den letzten verfügbaren Heller für die Zwecke der Kriegführung zu requirieren. Der größte Teil der Aktiven der Banken besteht daher jetzt aus Forderungen an den Staat und aus Darlehen auf Staatsschuldverschreibungen. Die Vergesellschaftung der Banken hätte daher heute keineswegs dieselben Wirkungen wie in der Friedenszeit. Und sie wäre heute, da wir zum Wiederaufbau unserer Volkswirtschaft den Kredit des Auslandes brauchen, kaum so leicht durchzuführen und kaum so rat-

sam und wirksam, wie sie in der Friedenszeit gewesen wäre. Die
Sozialisierung unserer industriellen Produktion wird also nicht
mit der Vergesellschaftung der Banken beginnen können. Wir
werden die Banken zunächst ihre Kriegsgeschäfte liquidieren, ihr
normales Friedensgeschäft wieder aufnehmen und entwickeln
lassen müssen, ehe an die Sozialisierung der Banken gedacht werden kann. Die Sozialisierung der Banken wird nicht der Beginn
des großen Sozialisierungswerkes sein können; wohl aber wird
sie sein Abschluß und seine Krönung sein müssen.

Die Sozialisierung der Banken hat eine ganz andere Aufgabe als
die Vergesellschaftung der Großindustrie oder des Grundbesitzes.
Hier handelt es sich nicht darum, den Boden und die Arbeitsmittel in den Besitz der Gesellschaft zu überführen, sondern darum,
die Macht, die die Verfügung über die fremden Kapitalien, die
den Banken zur Verfügung gestellt werden, dem Finanzkapital
gibt, ihm zu entreißen und sie der Gesellschaft zuzueignen. Daher bedarf es in diesem Falle keiner Expropriation; es genügt, die
Macht, die heute die Aktionäre der Banken durch die von ihnen
gewählten Verwaltungsräte ausüben, den Vertretern der Volksgesamtheit zu übertragen. Das geschieht, wenn durch Gesetz
bestimmt wird, daß die Mitglieder des Verwaltungsrates jeder
Großbank nicht mehr von der Generalversammlung der Aktionäre gewählt werden, sondern von den Körperschaften, die das
Gesetz zu ihrer Wahl beruft. Das Gesetz wird zum Beispiel bestimmen können, daß ein Drittel der Mitglieder des Verwaltungsrates
jeder Großbank von der Nationalversammlung gewählt wird, die
anderen zwei Drittel aber von den Industrieverbänden, den landwirtschaftlichen Genossenschaften, den Konsumvereinen, den
Gewerkschaften und den Angestelltenorganisationen ernannt
werden. Eine solche gesetzliche Verfügung über die Zusammen-
setzung des Verwaltungsrates wird genügen, die Macht über die
Milliarden, über die die Banken verfügen, zu sozialisieren.

Werden die Banken nicht mehr von ihren Großaktionären beherrscht, sondern von den Vertretern der Volksgesamtheit, so
wird es ohne Schwierigkeit möglich sein, alle Großbanken des

Landes zu einer Zentralbank zu verschmelzen. Die Leitung dieser Bank wird die Zentralleitung des ganzen Kreditwesens im Lande sein. Man wird natürlich bestrebt sein müssen, die tüchtigsten Fachleute in die Leitung dieser Bank zu berufen. Vielleicht wird dies am besten in der Weise geschehen können, daß ein besonderes Kollegium geschaffen wird, das die Vorschläge für die Ernennung der leitenden Direktoren der nationalen Zentralbank zu erstatten haben wird. Ein solches Kollegium müßte etwa aus den führenden Männern der staatlichen Finanzverwaltung, aus den leitenden Direktoren der Industrieverbände und der große Handelsorganisationen, aus Vertretern des Lehrkörpers der Handelshochschulen und aus Vertretern der Organisationen | der   25 Bankbeamten zusammengesetzt sein; so oft die Stelle eines Direktors der nationalen Zentralbank zu besetzen ist, würde dieses Kollegium Vorschläge erstatten und einen der Vorgeschlagenen müsste der Verwaltungsrat der nationalen Zentralbank ernennen.

Die Verschmelzung aller Großbanken zu einer von den hervorragendsten Fachmännern geleiteten, von den Vertretern der Volksgesamtheit kontrollierten Zentralbank hätte die gewaltigsten Wirkungen. Da die Konkurrenz zwischen den Banken beseitigt wäre, würde der Zinsfuß gesenkt. Da die Zentralbank in unmittelbarer Geschäftsverbindung mit allen Besitzenden des Landes stünde, bedürfte die nicht mehr der Effektenbörse, um Wertpapiere abzusetzen; die Effektenbörse verlöre also jede wirtschaftliche Funktion und damit auch jede Bedeutung. Die ganze Macht über die Industrie und den Bergbau, die bisher das Finanzkapital geübt hat, ginge in die Hände der demokratischen Gesellschaft über. Die Bank könnte bei der Kreditgewährung die Konsumvereine, die landwirtschaftlichen Genossenschaften und die Produktivgenossenschaften der Arbeiter begünstigen, die Entwicklung ihrer Eigenproduktion fördern und dadurch zu einem wichtigen Instrument der Vergesellschaftung vieler Industriezweige werden.

Aber darauf würden sich die Aufgaben der nationalen Zentralbank nicht beschränken. Sie würde vielmehr zu dem obersten
leitenden Organ der ganzen Volkswirtschaft werden; zu demjeni-
gen Organ, das die Verteilung des Kapitals und der Arbeit auf die
einzelnen Produktionszweige regeln würde.

Heute ist es jedem einzelnen Kapitalisten überlassen, wie er
sein Kapital verwenden will. Niemand schreibt dem einzelnen
Kapitalisten vor, ob er sein Kapital zur Gründung eines Eisen-
werks oder einer Ziegelei, einer Baumwollweberei oder einer
Glashütte verwenden soll. Die Gesellschaft hat kein Organ, das
die Verteilung des Kapitals auf die einzelnen Produktionszweige
regelt. So geschieht es immer wieder, daß einzelnen Produktionszweigen zu viel, anderen zu wenig Kapital zugeführt wird.
Die Kapitalisten gründen ein Dutzend Zementfabriken, und erst
wenn diese Fabriken fertig sind, erfahren sie, daß der Markt so
viel Zement nicht braucht. Die Bauunternehmungen schränken
die Bautätigkeit ein und nach kurzer Zeit ersehen sie, daß weniger Wohnhäuser gebaut wurden, als das Volk gebraucht hätte.
Daß in der kapitalistischen Gesellschaft niemand da ist, der für
die Aufrechterhaltung der Proportionalität zwischen den einzelnen Produktionszweigen, für die gleichmäßige, der Gliederung
des Bedarfs entsprechende Entwicklung der einzelnen Produktionszweige sorgt, ist eine der wichtigsten Ursachen der immer
wiederkehrenden Wirtschaftskrisen. Dafür zu sorgen, wird nun
die Aufgabe der nationalen Zentralbank sein. Sie wird ja über die
Kapitalien der ganzen Gesellschaft verfügen. Sie wird entscheiden, welchen Produktionszweigen diese Kapitalien zugeführt
werden sollen. Von den Vertrauensmännern der Volksgesamtheit regiert, wird sie die verfügbaren Kapitalien immer dorthin
führen können wo das Volk sie braucht; sie also zum Ausbau derjenigen Industriezweige verwenden, an deren Erzeugnissen Mangel
besteht, und sie von jenen fernhalten, die keinem dringenden
Volksbedürfnis dienen. So wird gerade die Vergesellschaftung
der Banken zu dem entscheidenden Schritt zur Überwindung der
kapitalistischen Anarchie. Der Verwaltungsrat der nationalen

Zentralbank wird zur obersten wirt- | schaftlichen Behörde, zum   26
höchsten leitenden Organ der ganzen Volkswirtschaft. Erst durch
die Vergesellschaftung der Banken gewinnt die Gesellschaft die
Macht, ihre Arbeit planmäßig zu leiten, planmäßig auf die einzelnen Zweige der Produktion zu verteilen, planmäßig dem Bedarf
des Volkes anzupassen.

9

Expropriation der Expropriateure

~

D ER SOZIALISMUS WILL DEM VOLKE wiedergeben, was sich Kapitalisten und Grundherren auf Kosten des Volkes angeeig-
net haben. Die Enteignung derer, die bisher das Volk enteignet
haben, die Expropriation der Expropriateure, ist darum die erste
Voraussetzung einer sozialistischen Gesellschaft. Aber was heute in Frage steht, das ist nicht mehr, ob sich die Expropriation
vollziehen, sondern wie sie sich vollziehen soll. Sie kann und soll
sich nicht vollziehen in der Form einer brutalen Konfiskation
des kapitalistischen und grundherrlichen Eigentums; denn in
dieser Form könnte sie sich nicht anders vollziehen als um den
Preis einer gewaltigen Verwüstung der Produktionsmittel, die
die Volksmassen selbst verelenden, die Quellen des Volkseinkom-
mens verschütten würde. Die Expropriation der Expropriateure
soll sich vielmehr in geordneter, geregelter Weise vollziehen; so
vollziehen, daß der Produktionsapparat der Gesellschaft nicht
zerstört, der Betrieb der Industrie und Landwirtschaft nicht ge-
hemmt wird. Zu dem wichtigsten Mittel einer solchen geregelten
Expropriation können die Steuern werden.

Wir haben in den früheren Abhandlungen gezeigt, daß zunächst die Schwerindustrie und der Bergbau, die Forste, die Latifundien und der Großgrundbesitz der Toten Hand vergesellschaftet werden müssen. Der Entschädigungsbetrag, den die bisherigen Eigentümer zu bekommen haben, soll durch eine Vermögensabgabe aufgebracht werden. Man kann für Deutsch-Österreich
schätzen, daß eine Vermögensabgabe von durchschnittlich einem Sechstel des gesamten Vermögens der besitzenden Klassen
genügen würde, um diese Expropriation zu vollziehen. Natürlich

müßte die Vermögensabgabe progressiv gestaltet sein, so daß
also die kleinen Besitzenden weit weniger, die großen weit mehr
als ein Sechstel ihres Vermögens zu steuern hätten. Eine solche
Vermögensabgabe in der Höhe von durchschnittlich einem Sechstel des Vermögens bietet keinerlei technische Schwierigkeiten;
mittels einer für diesen Zweck zu schaffenden Kreditorganisation
kann sie eingehoben werden, ohne daß empfindliche wirtschaftliche Störungen hervorgerufen werden. Auch abwälzbar ist eine
solche Vermögensabgabe nicht; nach allen gesicherten Erkennt-
nissen der Finanzwissenschaft kann sie weder die Warenpreise
emportreiben noch die Löhne drücken. Es ist also auf diese Weise
ohne weiteres möglich, einen wichtigen Teil des gesellschaftlichen Produktionsapparats ohne jede Störung des Wirtschaftsle-
bens und ohne jede Belastung der arbeitenden Volksmassen in
den Besitz der Volksgesamtheit überzuführen.

Eine zweite, nicht minder wichtige Aufgabe der Gesetzgebung
wird es sein, das Volk von dem drückenden Tribut an die Staats-
gläubiger zu befreien. Der Krieg hat den Staat mit ungeheuren
Schulden belastet. Diese Schulden müssen verzinst werden. Der
Staatsbankrott in der Form einer einfachen Einstellung der Zin-
senzahlung ist nicht möglich; denn er würde | den sofortigen 27
Bankrott aller Banken, Sparkassen, Versicherungsgesellschaften,
Waisenkassen, Raiffeisenkassen bedeuten, daher Millionen klei-
ner Beamter, Angestellter, Handwerker, Bauern ihrer kleinen
Ersparnisse berauben, aber auch allen Industriellen und Kaufleu-
ten ihr ganzes Betriebskapital nehmen. Eine solche Katastrophe
muß verhütet, die Zinsen der Kriegsanleihen müssen also gezahlt werden. Aber sie dürfen nicht von der Arbeiterklasse, sie
müssen vielmehr von den besitzenden Klassen gezahlt werden;
denn der Staat darf nicht die Arbeiter besteuern, um den Steu-
erertrag den Kapitalisten als Zins abzuführen. Die Zinsen für
die Staatsgläubiger müssen also durch eine Sondersteuer aufgebracht werden, die allem arbeitslosen Einkommen auferlegt wird.
Der Staat erhebt von jedem arbeitslosen Einkommen aus Kapital
und Grundbesitz eine besondere progressive Steuer in der Höhe

durchschnittlich eines Drittels dieses Einkommens, so daß also die großen Kapitalisten mehr, die kleinen weniger als ein Drittel zu steuern hätten. Das Erträgnis der Steuer würde genügen, die Kriegsschulden zu verzinsen. Diese Verzinsung würde sich ganz auf Kosten der Kapitalisten und Grundherren vollziehen, denn wenn die Sondersteuer vom arbeitslosen Einkommen nicht als Ertragssteuer, sondern als Einkommensteuer konstruiert und wenn sie progressiv gestaltet wird, so ist sie nach den Lehren der Finanzwissenschaft nicht abwälzbar.

Die beiden Steueroperationen, die wie angeführt haben, würden also darauf hinauslaufen, daß die besitzenden Klassen selbst durch Abgaben von ihrem Vermögen und von ihrem Einkommen die Entschädigungsbeiträge aufbringen müßten, um deren Preis die Gesellschaft die Schwerindustrie und den Großgrundbesitz in ihr Eigentum überführen würde, und anderseits selbst die Zinsen aufbringen müßten, die der Staat ihnen als seinen Gläubigern bezahlen muß. Und dabei würde sich die ganze Operation verhältnismäßig schmerzlos vollziehen. Die besitzenden Klassen würden etwa ein Sechstel ihres Vermögens und damit auch ihres Einkommens durch die Vermögensabgabe und von den übrigen fünf Sechsteln ihres Einkommens ein Drittel durch die Sondersteuer vom arbeitslosen Einkommen verlieren. Sie würden also zunächst nur etwa durchschnittlich vier Neuntel ihres Einkommens einbüßen, die großen Kapitalisten mehr, die kleinen weniger als vier Neuntel. Gegenüber den Umwälzungen der Einkommensverhältnisse, die der Krieg hervorgerufen hat, erscheint eine solche Enteignung keineswegs allzu radikal.

Gleichzeitig mit dieser Form der Enteignung würde sich aber auch eine andere vollziehen. Die Gemeinden und die Bezirke würden, wie wir gesehen haben, Industrie- und Handelsbetriebe, die den lokalen Bedürfnissen dienen, und den städtischen Grund und Boden enteignen, wobei die bisherigen Eigentümer als Entschädigung Wertpapiere bekämen, die sie zum Bezug eines festen Zinses aus dem Ertrag des vergesellschafteten Eigentums berechtigen würden. Die bisherigen Eigentümer hätten dann

statt ihres Bodens, ihrer Häuser, ihrer Bäckereien, Mühlen usw.
fest verzinsliche Wertpapiere in der Hand. Die nächste Aufgabe
bestünde dann darin, auch diese Schuldtitel und die Kriegsanlei-
hetitel allmählich zu tilgen. Dies kann durch die Beschränkung
des Erbrechts und die Besteuerung der Erbschaften geschehen.
Das gesetzliche Erbrecht wird auf den Ehegatten und die nächsten
Blutsverwandten beschränkt werden müssen. Testamentserben
werden hohe | progressive Erbschaftssteuern zu entrichten haben. 28
Das Erträgnis des Heimfallrechts des Staates an Erbschaften und
das Erträgnis der Erbschaftssteuern werden ausschließlich zu
Zwecken der Tilgung der Schuldtitel, mit denen die Gesellschaft
belastet sein wird, zu verwenden sein. Auf diese Weise werden
diese Schuldtitel binnen wenigen Generationen verschwinden.

Die laufenden Staatsausgaben dagegen werden in anderer Weise gedeckt werden müssen. Hat der Staatshaushalt bisher vor-
nehmlich auf Steuern beruht, so werden jetzt in dem Maße, als
sich die Vergesellschaftung der Produktion vollzieht, die vergesellschafteten Betriebe zur Hauptquelle des staatlichen Einkommens werden. Dem Staate wird ein Anteil an dem Reingewinn
der vergesellschafteten Schwerindustrie, des vergesellschafteten
Bergbaues, des vergesellschafteten und gesellschaftlich bewirtschafteten Großgrundbesitzes zufallen. Ihm werden die Erbpäch-
ter, die auf einem Teil des vergesellschafteten Großgrundbesitzes
angesiedelt werden, einen Zins abzuführen haben. Ihm wird ein
Gewinnanteil an den Erträgnissen der in Industrieverbänden organisierten Industrie zufallen. Die vergesellschafteten Zweige
des Handels werden ihm einen Gewinn abwerfen. In dem Maße,
als die Sozialisierung fortschreitet, wird ein wachsender Teil der
Staatsausgaben nicht mehr aus den Erträgnissen von Steuern be-
stritten werden, sondern aus dem Ertrag der gesellschaftlichen
Unternehmungen.

Alle großen gesellschaftlichen Umwälzungen sind immer be-
gleitet von Umwälzungen des Staatshaushaltes. Der feudale Staat
war dadurch charakterisiert, daß er Boden seinen Dienern zu
Lehen gab, um dadurch ihre Dienste zu belohnen. Der kapitalisti-

sche Staat ist dadurch gekennzeichnet, daß er Geldsteuern ein-
hebt und mit ihrem Erträgnis seine Herrschaftsmittel, die Armee
und die Bureaukratie, bezahlt. Das sozialistische Gemeinwesen
der Zukunft wird seine Bedürfnisse nicht mehr aus dem Ertrag
von Geldsteuern bestreiten, sondern aus dem Ertrag gesellschaftlicher Unternehmungen. Während aber die Steuer als normale
Einkommensquelle des Staates allmählich ihre Bedeutung einbüßen wird, wird sie eine desto größere Bedeutung gewinnen als
Instrument der Umwälzung der gesellschaftlichen Vermögens-
und Einkommensverteilung. Gerade damit der Staat seinen Haus-
halt nicht mehr aus Steuererträgnissen, sondern aus Erträgnissen
gesellschaftlicher Unternehmungen bestreiten könne, muß er
durch hohe Vermögensabgaben die Mittel gewinnen, diese gesellschaftlichen Unternehmungen zu erwerben, und durch hohe
Sondersteuern vom arbeitslosen Einkommen die Mittel erwerben,
die Lasten der Kriegsschuld abzutragen. Die Steuer verändert also vollständig ihre Funktion: Aus dem Mittel zur Deckung der
normalen Staatsausgaben, aus dem Mittel zur Bestreitung der
Herrschaftserfordernisse des Staates verwandelt sie sich in das
Mittel der Expropriation der Expropriateure.

Der kapitalistische Staat legt den Volksmassen drückende Ver-
brauchssteuern auf und er verwendet ihre Erträgnisse dazu, Zinsen an die Staatsgläubiger zu bezahlen: durch indirekte Steuern
enteignet er die Volksmassen im Dienste des Kapitals. Die werden-
de sozialistische Gesellschaft wird gerade den entgegengesetzten
Weg gehen: indem sie das Kapital mit Vermögens- und Erbschafts-
abgaben und mit Sondersteuern vom arbeitslosen Einkommen
belastet, um ihren Ertrag dazu zu benützen, den Boden und die
Arbeitsmittel in den Besitz der Gesamtheit überzuführen, enteignet sie das Kapital im Dienste der arbeitenden Volksmassen. Die
29 Steuern, die bisher | ein Mittel waren, das Volk zugunsten der Ka-
pitalisten zu enteignen, werden jetzt zum Mittel, die Kapitalisten
zu enteignen zugunsten des Volkes.

Die Voraussetzungen der Sozialisierung

︶

WIR HABEN IN EINER REIHE von Abhandlungen eine Übersicht
darüber zu gewinnen versucht, welche Maßregeln in An-
griff genommen werden müssen, damit die große gesellschaft-
liche Umwälzung planmäßig und zielbewußt, im Interesse der
Volksgesamtheit und ohne Störung der Produktion vollzogen
werden könne. Jetzt gilt es schließlich, noch zu zeigen, welche
Voraussetzungen erfüllt sein müssen, damit die lange Kette man-
nigfaltiger durchgreifender Reformen überhaupt möglich werde.

Diese erste Voraussetzung der Sozialisierung ist selbstverständlich der Friede. Keine der Maßregeln, die wir erörtern haben, ist
möglich, solange wir noch im Kriegszustand leben, solange unsere Grenzen noch nicht festgesetzt sind, solange das Meer noch
nicht frei ist. Wir können zum Beispiel die Vermögensabgabe
nicht durchführen, solange wir nicht wissen, welche Gebiete zu
unserem Staat gehören werden, solange wichtige Teile unseres
Staatsgebietes von fremden Truppen besetzt sind und solange
die Aufteilung der Kriegsanleihe auf die einzelnen neuen Staaten
noch nicht geregelt ist. Wir sind nicht frei, unsere Gesellschaftsverfassung nach unserem eigenen Willen, unabhängig von den
herrschenden Klassen der Ententeländer, neuzugestalten, solange wir Lebensmittel und Kohle nicht mit den Erzeugnissen unserer Arbeit bezahlen, sondern nur auf Borg aus den Händen des
Siegers zugeteilt bekommen können. Wir müssen zuerst wieder
Frieden haben, die Einfuhr von Lebensmitteln und Rohstoffen
muß zuerst wieder frei werden, unsere Maschinen müssen zuerst
wieder in Gang gebracht werden, wir müssen zuerst wieder zu
arbeiten beginnen, damit wir nicht mehr von der Gnade des Sie-

gers abhängig, nicht mehr von seinem Willensgebot unterworfen, sondern frei seien, unsere gesellschaftlichen Verhältnisse nach unserem eigenen Bedürfnis und unserem Willen zu gestalten.

Friede und Arbeit sind die äußeren Voraussetzungen der Erfüllung unserer Aufgabe. Ihre innere Voraussetzung aber ist, daß das Volk, daß die breiten arbeitenden Volksmassen in Stadt und Land die soziale Neugestaltung wollen. Manche meinen freilich, es genüge, daß sich ein paar tausend beherzte und tatkräftige Männer durch einen Handstreich der Staatsgewalt bemächtigen; die würden dann der breiten Masse des Volkes den Sozialismus dekretieren können. Aber das ist ein Irrtum. Denn wie könnte eine kleine Minderheit, die mit terroristischen Mitteln die breiten Volksmassen zur Unterwerfung unter ihren Willen zwänge, den großen gesellschaftlichen Produktionsapparat verwalten? Gewiß, auch sie könnte durch erbarmungslosen Terror die Kapitalistenklasse expropriieren, auch sie von irgendeiner revolutionären Zentralstelle aus den Produktionsapparat beherrschen. Aber das würde ein bürokratischer Sozialismus, kein demokratischer: denn die revolutionäre Zentralstellen könnte die Fabriken und die Bergwerke und die Landgüter nicht anders regieren als durch eine von ihr eingesetzte Bureaukratie, deren Geboten ihre Armee Gehorsam erzwänge. Wir aber wollen nicht einen bureaukratischen Sozialismus, der die Beherrschung des ganzen Volkes durch eine kleine Minderheit bedeuten würde. Wir wollen den demo- | kratischen Sozialismus, das heißt die wirtschaftliche Selbstverwaltung des ganzen Volkes. Durch ein ganzes System demokratischer Organisationen soll das Volk sein Wirtschaftsleben selbst verwalten; wir haben diese Organisationen in unseren früheren Abhandlungen kennengelernt. Die Arbeiterausschüsse in den einzelnen Betrieben, die Mieterausschüsse in den einzelnen Miethäusern, die Gewerkschaften, Konsumvereine und die landwirtschaftlichen Genossenschaften, die Stadt- und Landgemeinden, die Verwaltungsräte der einzelnen Industriezweige und die Aufsichtsräte der einzelnen Landgüter, die Bezirksagrarbehörden und ihre Beiräte, die Landeskulturräte und der Reichslandwirtschaftsrat, der

Verwaltungsrat der nationalen Zentralbank und schießlich die Nationalversammlung und die aus ihr gebildete Regierung, das sind die wichtigsten Organisationen, die an die Stelle der Kapitalisten und der Grundherren treten, die Arbeitsmittel verwalten, die Arbeit leiten, das Wirtschaftsleben regeln werden. Ein solches System wirtschaftlicher Selbstverwaltung des Volkes setzt aber die werktätige Teilnahme, die freudige Mitarbeit der breiten Volksmassen voraus. Es kann dem Volke nicht durch eine kleine Minderheit aufgezwungen werden, sondern nur aus dem eigenen Willen der arbeitenden Volksmassen hervorgehen. Darum ist die erste Voraussetzung des Sozialismus, daß die breiten Massen des Volkes, daß die Mehrheit des Volkes von sozialistischer Überzeugung erfüllt, vom Willen zum Sozialismus beseelt wird.

Aber der Sozialismus hat noch eine andere Voraussetzung: er setzt einen Staat voraus, der seinem Wesen nach fähig ist, die soziale Umwälzung durchzuführen. Diese Voraussetzung müssen gerade wir in Deutschösterreich wohl beachten. Denn noch stehen wir vor der großen Frage, ob unser Deutschösterreich ein Bestandteil der großen Deutschen Republik werden oder ob es sich mit Tschechen, Südslawen, Ungarn, Polen und Rumänen zu einem Staatenbund, einer „Donauföderation", vereinigen soll. Von dieser Entscheidung hängt die Zukunft unserer Gesellschaftsverfassung zunächst ab.

Stellen wir uns einmal eine solche Föderation der Donauvölker vor! Wer sollte innerhalb dieser Föderation den Sozialismus durchführen? Die deutschösterreichische Regierung? Aber man kann sich nicht vorstellen, daß in einer und derselben Föderation, in einem und demselben Wirtschaftsgebiet ein sozialistisches Deutschösterreich mit kapitalistischen Nachbarstaaten vereinigt sein könnte. Oder soll die ganze Föderation gemeinsam den Weg zum Sozialismus gehen? Soll eine Bundesregierung, von all den vielen Nationen gemeinsam eingesetzt, die Sozialisierung durchführen? Die Sozialisierung setzt vor allem eine starke, einheitliche, handlungsfähige Regierung voraus, die von Widerstand der Kapitalisten und der Grundherren zu brechen, die sozialisti-

sche Organisation tatkräftig, einheitlich, zielbewußt aufzubauen
vermag. Die Bundesgewalt einer nur lockeren Föderation könnte
diese gewaltige Aufgabe nie bewältigen. Unsere Eingliederung in
eine Donauföderation würde uns also den Weg zum Sozialismus
für lange Zeit sperren.

Ganz anders sind unsere Aussichten, wenn Deutschösterreich
zu einem Gliedstaat der großen Deutschen Republik wird. Die
große Deutsche Republik wird kein lockerer Staatenbund sein,
sondern ein festgefügter Bundesstaat mit starker einheitlicher
Regierung und gemeinsamem gesetzgebenden Parlament; dort
wird die starke Staatsgewalt vorhanden sein, die allein die Wi-
derstände der Herrenklassen zu überwinden, die neue gesell-
31 schaftliche Or- | ganisation aufzurichten vermag. Und daß diese
Staatsgewalt vom Wollen zum Sozialismus beherrscht sein wird,
dafür bürgen uns die Zahl, die geistige Reife und die revolutio-
näre Entschlossenheit der deutschen Arbeiter. Der Anschluß an
Deutschland bahnt uns also den Weg zum Sozialismus. Es ist die
erste Voraussetzung zur Verwirklichung des Sozialismus. Darum muß der Kampf um den Sozialismus hierzulande zunächst
geführt werden als ein Kampf um den Anschluß an Deutschland.

So haben wir gezeigt, wie wir zum Sozialismus kommen können und wollen. Aber freilich, der Weg zum Sozialismus, den wir
beschrieben habe, ist nicht der einzige denkbare Weg. Der Sozialismus kann auch auf anderen Wegen kommen. Wenn unser
Volk die Notwendigkeiten der Stunde nicht begreift, wenn sich
die besitzenden Klassen dem Notwendigen und Unvermeidlichen
widersetzen und die arbeitenden Volksmassen, beirrt und be-
tört, ihr eigenes Interesse nicht erkennen und die politischen
Machtmittel, die die demokratische Republik ihnen gegeben hat,
nicht zu gebrauchen verstehen, dann würde der Sozialismus freilich auf andere Weise kommen: nicht als das Ergebnis planmäßig
aufbauender Arbeit, sondern als die Folge eines furchtbaren Stur-
mes, der zuerst alles zerstört, alles vernichtet, damit dann auf
den Trümmern der alten Welt eine neue erstehe. Käme der Sozialismus auf diesem Wege, dann müßten wir alle ihn furchtbar

teuer erkaufen: erkaufen mit Jahren des Bürgerkrieges, erkaufen
mit ungeheuerlicher Zerstörung unserer Produktionsmittel, erkaufen mit noch vielen Jahren gesteigerten Elends, mit noch viel
schrecklicherer Not, als die ist, die der Krieg über uns gebracht
hat. Der Sozialismus ist zur geschichtlichen Notwendigkeit geworden; kommen wird er auf jeden Fall. Fraglich ist nur, auf welchem
Wege er kommen soll. Arbeiten wir alle daran, dass er komme,
nicht als das Ergebnis verheerender Katastrophen, sondern als
die Frucht zielbewußter Arbeit! | 32